Juri Kowal • Der kleine Polarfuchs

Juri Kowal

Der kleine Polarfuchs

Der Kinderbuchverlag
Berlin

Aus dem Russischen von Helga Thiele
Originaltitel: **Недопёсок**
Illustrationen von Elke Bullert

ISBN 3-358-01423-1

4. Auflage 1989

Lizenz-Nr. 304–270/331/89
Lichtsatz: INTERDRUCK Graphischer Großbetrieb Leipzig – III/18/97
Druck und buchbinderische Verarbeitung: Karl-Marx-Werk Pößneck V 15/30
LSV 7731
Für Leser von 9 Jahren an
Bestell-Nr. 630 587 0
00540

Erster Teil

Die Flucht

Am frühen Morgen des zweiten November entwischte der kleine Polarfuchs Napoleon III. aus der Pelztierfarm.

Er floh nicht allein, sondern mit einem Gefährten, dem Blaufuchs Nummer hundertsechzehn.

In der Regel hatte man ja ein wachsames Auge auf die Füchse, und die Praskowjuschka, die ihnen das Futter brachte, kontrollierte jedesmal sorgfältig, ob die Riegel an den Käfigen in Ordnung waren. Doch an jenem Morgen passierte etwas Unangenehmes: Nekrassow, der Direktor der Tierfarm, zerstörte der Praskowjuschka alle Hoffnung auf die Prämie, die es zu den Festtagen geben sollte.

„Du hast im vergangenen Monat eine bekommen“, sagte Nekrassow. „Jetzt sind erst mal die anderen dran.“

„Ach, sieh mal einer an!“ antwortete die Praskowjuschka und keuchte. Vor Wut versagte ihr sogar die Stimme.

Die Prämie fiel also ins Wasser. Damit aber zerschlugen sich auch ihre Pläne für die Feiertage. Die Praskowjuschka war verzweifelt. Sie sah jetzt nur zwei Möglichkeiten: Entweder suchte sie sich eine andere Arbeitsstelle, oder sie stürzte sich ins Wasser. Dann würde der Direktor einsehen, wem die Prämie zustand.

Gleichgültig fütterte sie die Füchse, säuberte die Käfige und schlug so wütend mit den Türen, daß die Tiere in den Käfigen Angst bekamen. Sie fühlte sich zutiefst beleidigt und verfluchte ihr Schicksal. Immer tiefer fraß sich die Kränkung, und schließlich war die Praskowjuschka wie geistesabwesend und vergaß bei zwei Käfigen, den Riegel vorzuschieben.

Napoleon III. wartete ab, bis sie in der Baracke verschwand. Dann sprang er aus dem Käfig und huschte zum

Zaun. Der erstaunte Blaufuchs Nummer hundertsechzehn folgte ihm.

Das Klappern der Aluminiumschüsseln

Es kam äußerst selten vor, daß ein Fuchs aus der Tierfarm entwischte, deshalb dachte die Praskowjuschka auch nicht im geringsten an so etwas.

Sie saß in der Baracke, an deren Wänden Schaufeln aufgereiht standen, und schimpfte auf den Direktor.

„Jetzt sind erst mal die anderen dran!" äffte sie ihn wütend nach. „Und eine Frau mit Kindern kann zu den Feiertagen ohne Geld dasitzen!"

„Wo hast du denn Kinder?" fragte Polinka verwundert, eine junge Arbeiterin, die gerade ihre Lehre beendet hatte.

„Was heißt – wo?" schrie die Praskowjuschka. „Meine Schwester hat Drillinge!"

Bis Mittag zog die Praskowjuschka über den Direktor her. Die anderen Arbeiterinnen hörten ihr zu, tranken Tee und gaben ihr recht. Sie alle hatten Prämien bekommen.

Doch dann rückte die Mittagszeit heran, und in der Tierfarm erscholl ein metallenes Klappern. Es kam vom „Tellerspiel" – die Füchse ließen ihre Futternäpfe tanzen.

Diese Schüsseln waren so geschickt ins Käfiggitter eingesetzt, daß sich die eine Hälfte im Käfig, die andere außerhalb befand. Zum Füttern brauchte man die Käfige also nicht unbedingt zu öffnen. Das Futter wurde in die äußere Hälfte geschüttet, der Fuchs drehte mit der Pfote an seinem

Napf, und das Futter kam zu ihm in den Käfig. Vor dem Mittagessen ließen die Füchse immer ungeduldig die Futternäpfe tanzen, und dieses Geklapper hörte man in der ganzen Tierfarm.

Als die Praskowjuschka das Scheppern vernahm, besann sie sich und eilte davon, um die Tiere zu füttern. Bald kam sie zu dem Käfig, in dem der kleine Napoleon hätte sitzen müssen.

Die Praskowjuschka schaute in den Käfig – und traute ihren Augen nicht. Das Futter schwappte aus der großen Futterschüssel auf ihre Gummistiefel.

Der Charakter des Direktors Nekrassow

Die Praskowjuschka stürzte ins Büro des Direktors, wobei sie mit der Futterschüssel an der Türklinke hängenblieb. Dann stand sie wie angewurzelt auf dem Teppich mitten im Zimmer, preßte die Schüssel wie einen Schild an die Brust und schrie: „Pjotr Jerofejitsch, Napoleon ist weg!“

Pjotr Jerofejitsch schrak zusammen und ließ einen Aktendeckel mit der Aufschrift „Welpen“ zu Boden fallen.

„Wohin?“

Die Praskowjuschka schwieg verbiestert und lugte hinter der Schüssel hervor.

Der Direktor griff den Telefonhörer, schwang ihn wie eine Hantel über dem Kopf und knallte ihn so auf die Gabel, daß der Panzerschrank, der hinter ihm stand, von allein aufsprang. Dabei war der schwere Schlüssel sogar rumgedreht.

„Er hat den Riegel mit der Pfote zurückgeschoben", murmelte die Praskowjuschka, „und ist weggelaufen, und Nummer hundertsechzehn, der blaue Zweijährige, mit ihm."

„Mit der Pfote?" wiederholte der Direktor heiser.

„Mit den Krallen", erklärte die Praskowjuschka ängstlich und hielt die Schüssel schützend vor sich.

Direktor Nekrassow nahm die Mütze vom Kopf und schwenkte sie, als verabschiede er sich von jemandem. Plötzlich brüllte er: „Raus!"

Die Aluminiumschüssel polterte zu Boden, klapperte und schepperte und rollte zur Tür hinaus.

Es hieß nicht umsonst, der Direktor sei hitzig.

Dawilo

Der hitzige Direktor war ein langaufgeschossener, hagerer Mann. Er trug das ganze Jahr über eine Mütze aus Rentierfell.

Nekrassow war schon seit langem Direktor der Tierfarm und führte eine mustergültige Wirtschaft. Er kannte alle Tiere mit Namen, und für die wertvollsten dachte er sich besondere Namen aus: Kazbek, Dschingis-Khan, Maugli.

Der kleine Polarfuchs Napoleon war ein wichtiges Tier. Und obwohl er noch kein richtiger Fuchs, sondern ein Welpe war, schätzte ihn der Direktor sehr.

Napoleons Fell hatte eine besondere Färbung: Es war nicht weiß, nicht blau, sondern hatte einen Farbton, für den sich schwer eine Bezeichnung finden ließ. Aber die Tierzüchter erdachten dennoch eine: platinfarben.

Das Fell bestand gewissermaßen aus zwei Schichten: Das Unterfell war wolkengrau, aber darüber lagen wie ein Schleier dunklere, wollige Haare – eine Wolke mit einem grauen Regenbogen. Bei Napoleon sah nur das Schnäuzchen dunkel aus, auf der Nase hatte er einen hellen Streifen.

Allen auf der Tierfarm war klar, daß dieser kleine Polarfuchs sogar Napoleon I. übertraf. Und Direktor Nekrassow träumte davon, eine neue Rasse mit einem noch nie dagewesenen Fell zu züchten, das er „Nekrassowfell" nennen wollte.

Als Nekrassow von der Flucht hörte, rannte er mit dem Brigadier Filin zum Zaun. Im Nu waren sie durch das Loch gekrochen und liefen im Eifer gleich in Halbschuhen der Spur nach.

„Wie oft habe ich gesagt, das Loch soll zugemacht werden!" schrie der Direktor im Laufen.

„Na ja, Pjotr Jerofejitsch, wir haben doch keine Bretter", jammerte Filin hinter ihm.

Sehr bald waren ihre Halbschuhe voller Schnee, und sie kehrten zur Farm zurück. Sie zogen sich andere Schuhe an, schwangen sich in den Jeep und rasten nach Kowylkino. Dort wohnte der Jäger Frol Nosdratschow, der einen Jagdhund namens Dawilo besaß.

Sie trafen Frol nicht zu Hause an.

„Woher soll ich wissen, wo er steckt?" antwortete seine Frau gereizt. „Er ist mir doch nicht rechenschaftspflichtig."

„Los, in den Laden!" rief Nekrassow dem Chauffeur zu.

Der Jäger hielt sich tatsächlich im Laden auf. Er stand mit zwei Freunden vorm Ladentisch und lachte.

„Genosse Nosdratschow!" sagte der Direktor streng. „Wir stecken in der Klemme. Napoleon ist ausgerissen. Holen Sie schnell Ihren Hund und setzen Sie ihn auf die Fährte!"

Frol blickte den Direktor gelassen an und wandte ihm das linke Ohr zu. Der Jäger hatte so seinen Charakter, und dieser Charakter flüsterte ihm zu, daß die Tragödie des Direktors ihn vorerst nichts angehe. Frol liebte es, im warmen Laden mit seinen Freunden zusammenzusitzen, wo man auch ein Gläschen trinken konnte.

„Ich bin ein vielbeschäftigter Mensch", sagte Frol unwillig. „Deshalb muß ich wissen, was für mich dabei herausspringt. Welche Vorteile?"

„Ganz schöne", sagte Nekrassow.

Eine halbe Stunde danach nahm der russische Jagdhund Dawilo, ein großes breitschultriges Tier mit traurigen Augen, an der Umzäunung die Fährte auf.

„Faß ihn, faß ihn!" schrie der Jäger, dem man eine Belohnung versprochen hatte.

Dawilo beschnupperte die Spur, der Geruch verursachte ihm Widerwillen. Es roch streng, nach Eisen. Unwillig, ohne einen Mucks verfolgte Dawilo die Spur.

Ein verschneites Feld

Nachdem die Füchse durch das Loch im Zaun gekrochen waren, liefen sie schnell aufs Feld hinaus. Doch schon nach ein paar Schritten blieben sie stehen. Der Schnee unter ihren Pfoten machte ihnen bange. Er hinderte beim Laufen und zwickte in die Sohlen. Es war der zweite Schnee in diesem Winter. Er lag noch nicht hoch auf dem Feld, doch den kurzbeinigen Füchsen reichte er bis zum Bauch.

Aber Gras hätte den Füchsen ebenso zu schaffen gemacht. Noch nie zuvor waren sie auf dem Erdboden gelaufen. Sie wurden im Käfig geboren, und nur vom Käfig aus sahen sie den Erdboden – den Schnee und das Gras.

Napoleon beleckte sich die Pfote – der Schnee erschien ihm süß.

Er war ganz anders als der Schnee im Käfig. Der fiel nur unaufhörlich vom Himmel, blieb in bauschigen Tupfen in den Drahtmaschen hängen und schmeckte fade.

Für einen Augenblick lugte die Sonne hinter den Wolken hervor. Unter ihren Strahlen begann der graublaue Schnee auf dem weiten Feld zu funkeln. Ruhig lag das Feld da, nichts regte sich.

Dem kleinen Fuchs war plötzlich, als habe er schon einmal, vor langer, langer Zeit, ganz genauso mitten auf einem glitzernden Feld gestanden, sich die Pfoten geleckt und sich dann sogar gewälzt, im Schnee gebadet. Wann das gewesen war, wußte er nicht. Doch an die kalten Funken, die unter der Sonne aufblitzten, an den Geschmack des Schnees und seinen frischen, verführerischen Geruch, der ganz benommen machte – daran erinnerte er sich genau.

Napoleon warf sich auf die Seite und sielte sich, daß der Schnee nur so stiebte. Sogleich durchrieselte ihn angenehme Kühle, sein Fell sträubte sich.

In sein kostbares Fell setzten sich Schneeflocken, sie säuberten das wolkengraue Fell mit dem dunklen Schleier und wuschen das letzte bißchen Schüchternheit weg. Dem kleinen Polarfuchs wurde leicht und fröhlich zumute. Mit dem Schwanz wirbelte er den Schnee nach allen Seiten auf. Ihm erschien alles vertraut, vor langer, langer Zeit war es genauso gewesen.

Nummer hundertsechzehn wälzte sich nicht im Schnee, wohl weil er sich an etwas Derartiges nicht erinnern konnte. Kaum hatte er die Schnauze in den Schnee gesteckt, war die

Nase voller Eisnadeln. Hundertsechzehn schnaubte gereizt.

Napoleon schüttelte sich wie ein Hofköter, der eben aus dem Teich gekommen ist. Er schaute um sich und lief dann, die Nase genau nach Norden gereckt, querfeldein auf den Wald zu. Hundertsechzehn trabte hinter ihm her und bemühte sich, nicht allzusehr mit dem Schnee in Berührung zu kommen.

Am Waldrand ragte ein Schober auf. Dort machte Napoleon halt.

Der Schnee war aufgewühlt. Sternförmige Spuren ließen sich erkennen, von denen ein angenehmer, aber feindlicher Geruch ausging. Es waren Fuchs- und Hundespuren.

Plötzlich pfiff es unter dem Schnee ganz leise.

Der kleine Polarfuchs sprang hinzu, schlug mit der Pfote in den Schnee und zog eine Feldmaus hervor.

Im Wald

In der Nähe des Schobers wimmelte es von Mäusen. Sie huschten piepsend in dem fauligen Heu umher, und Napoleon stellte ihnen nach. Suchend klopfte er mit den Pfoten und dem Schwanz den Schnee ab.

Hundertsechzehn wollte auch Mäuse jagen, doch er war darin ganz und gar unerfahren. Plötzlich sprang direkt vor seiner Nase eine Maus hervor. Hundertsechzehn schnappte sie, verschlang sie und machte vor Schreck einen Satz.

Die aufgescheuchten Mäuse suchten unter dem Schober Zuflucht.

Napoleon scharrte im Heu und steckte seine Nase hinein.

Von dem kräftigen Heugeruch wurde ihm schwindlig. Es duftete nach drückenden Juligewittern, nach dem vergangenen Sommer.

Die Mäuse hielten sich versteckt, und die Füchse gaben die Jagd auf. Sie liefen zum Waldsaum, durchquerten einen Birkenhain und gelangten zu großen Bäumen.

Es waren alte Fichten.

In ihren Wipfeln hingen in Trauben reife, kupferfarbene Zapfen. Am Fuße der Bäume, wo noch kein Schnee hingekommen war, leuchtete grünes Moos, und die dicken Baumstämme waren mit den grauen Sternen der Flechten bedeckt. Rings um die Bäume roch es nach gefrorenem Harz. Sie ragten bedrohlich in die Höhe, ihre Kronen verflochten sich miteinander und stießen in den Himmel.

Plötzlich ertönte von oben her lautes, aufgeregtes Klopfen. Ein Schwarzspecht mit rotem Helm saß in einer Espe. Als er die Füchse entdeckte, stieß er einen durchdringenden Schrei aus und tauchte mit lautlosem Flügelschlag im Dämmer der Fichten unter.

Auf seinen Schrei hin kam eine Elster herbeigeflogen.

„Gefahr! Gefahr!" schackerte sie zänkisch.

Napoleon kläffte zur Antwort und zeigte drohend seine Krallen. Das stachelte die Elster nur auf. Über den Köpfen der Füchse flog sie von Baum zu Baum und verkündete im ganzen Wald: Hier sind sie, die Ausreißer von der Tierfarm! Fangt sie, haltet sie!

Unter dem Geschrei der Elster schnürten die Füchse auf eine Lichtung hinaus, die mit gefällten Birken und gerodeten Baumstubben übersät war. Unter einem Haufen Fichtenzweige schlief ein Schneehase. Die ganze Nacht hindurch war er umhergehoppelt und hatte sich vollgefressen. Jetzt schlief er fest und seelenruhig.

Das Knirschen im Schnee und das Geschrei der Elster weckten ihn. Langohrig, mit hervorquellenden Augen sprang er dicht vor Napoleons Pfoten auf, daß das Reisig nur so knackte, und setzte im Zickzack über die Lichtung, über die Baumstämme hinweg.

Die Füchse erstarrten vor Schreck; dann machten sie sich in entgegengesetzter Richtung auf und davon.

Die Elster war verdattert. Was sollte sie jetzt tun, hinter wem herfliegen, über wen schimpfen? Verärgert ließ sie sich auf einer Salweide nieder und drehte ihren grünschimmernden Kopf hin und her. Die Stimmung war ihr gründlich verdorben.

Ganz in der Nähe, unter den Fichten, knirschte es plötzlich im Schnee, und ein Schnaufen war zu hören. Der Jagdhund Dawilo kam auf die Lichtung gerannt. Er sah gleichmütig zur Elster hin, geriet zu der Hasenspur und wurde sofort lebhaft. Er schnüffelte rechts, schnüffelte links und steckte dann seine Schnauze direkt in den Haufen Fichtenzweige.

Dawilos Schwanz wedelte vor Freude, und in seiner Jagdleidenschaft dachte er überhaupt nicht mehr an die Füchse.

Er ließ ein tiefes Bellen hören und lief der neuen Spur nach, genüßlich den süßen Hasengeruch einatmend.

Sein Bellen klang unter den Fichten auf, zog sich wie eine tönende Kette durch den Wald und gab den Weg des Hasen an. Die Kette verlief ganz in der Nähe, erreichte den Waldrand und verstummte für einen Augenblick, und mit einemmal dröhnte wie ein Doppelglockenwerk ein Donner.

Die Elster flatterte von der Salweide herab, um in tiefem Bodenflug unbemerkt, schnell, aber nicht hastig den Blicken zu entschwinden.

Wer hat geschossen?

„Was war das! Was war denn das?! Wer hat da geschossen?“ Der unerwartete Schuß in der Nähe brachte Nekrassow aus der Fassung, seine Fellmütze zuckte.

Er stand am Waldrand: hohe Stiefel an den Füßen und die Hände in Fausthandschuhen, mit denen er gegebenenfalls die Polarfüchse packen konnte. Einen Schuß hatte er ganz und gar nicht erwartet, denn Napoleon mußte er lebend zurückbekommen.

„Wer hat geschossen? Wer geschossen hat, frage ich dich!“ wiederholte er drohend.

„Na, wer schon!“ knurrte Filin, der in der Nähe in den Büschen herumkroch und sich tarnen wollte. „Der Jäger natürlich!“

Aus dem Wald kam Dawilo freudig erregt angehetzt. Seine schokoladenbraunen Augen waren blutunterlaufen.

„Frol!“ rief der Direktor streng. „Hast du etwa geschossen?“

„Ja, ich habe das Langohr hier erwischt“, ließ sich eine tiefe Stimme vernehmen.

Bald darauf trat Frol aus dem Wald. Ein aufdringlicher Jagdgeruch ging von ihm aus. Der Hase, der sich die ganze Nacht über getummelt und vollgefressen hatte, baumelte jetzt an seinem Gürtel. Aus drei Schritt Entfernung roch Frol nach dem säuerlichen, rauchlosen Schießpulver „Fasan“.

„Da komm ich doch auf die Schneise“, begann Frol aufgeregt zu erklären, „und seh das Langohr! Ich mit einem Satz durch die Espen ...“

„Wo sind die Füchse?“

„Die Füchse?“ Der Jäger war verlegen. „Die werden sich rumtreiben.“

Nekrassow blickte den Jäger nur eine Sekunde lang an, doch dieser Blick sagte alles. Er rückte seine Mütze zurecht, drehte dem Jäger den Rücken zu und entfernte sich in Richtung Tierfarm. Der Brigadier eilte ihm nach.

„Warte doch!“ rief Frol hinterher. „Reg dich nicht auf! Wir werden sie schon kriegen. Ich kenne den Wald wie meine Hosentasche. Die entkommen uns nicht.“

Die beiden Tierzüchter drehten sich nicht einmal um. Sie gingen über das schneebedeckte Feld und entfernten sich immer weiter von dem Jäger, und mit ihnen entschwand für ihn die Prämie.

Da wurde der Jäger rot.

Puterrot lief sein Gesicht an, strahlte wie Polarlicht. Das sahen Nekrassow und Filin allerdings nicht mehr, sie hörten nur, wie der Jäger hinter ihnen her fluchte.

„Regen Sie sich nicht auf, Pjotr Jerofejitsch“, sagte Filin, als er den Direktor eingeholt hatte. „Sie werden herumstreunen und dann fressen wollen, spätestens nach einer Woche kommen sie von selbst zurück.“

„Nach einer Woche werden sie höchstens verhungert sein“, versetzte der Direktor mißmutig. „Und wenn Napoleon von irgendwem abgeknallt wird? Was dann?“

„Das kann passieren!“ pflichtete Filin bei. „Aber was sollen wir tun?“

Der Direktor steckte sich eine Zigarette an und blies den Rauch in den dunkelnden, trüben Himmel.

„Wir müssen es mit Marquis versuchen“, sagte er.

Der Hügel

Der trübe Tag wurde noch trüber. Am Himmel zogen sich die Wolken zusammen, und der Abendwind trieb sie nach Süden.

Gegen Abend gerieten die Ausreißer in eine tiefe Schlucht, auf deren Grund ein schwarzer Bach langsam vereiste. Sie schnürten durch die Schlucht bachaufwärts zu dem bewaldeten Hügel.

An seinen Hängen gab es Dachshöhlen. Die Dachse hausten von alters her dort und hatten den Hügel mit ihren Höhlen ganz durchlöchert.

Die nahende Nacht beunruhigte Napoleon. Er hätte gern vor dem Wind, der Schnee herantrieb, Zuflucht gesucht. Die Füchse trabten den wacholderbewachsenen Hang zur Anhöhe hinauf. Dort entdeckten sie unter den Wurzeln einer Fichte eine dunkle Höhle. Napoleon beschnupperte den Schnee ringsum und steckte seinen Kopf in den Eingang.

Ein Geruch nach trockenem Sand und harzigen Fichtenwurzeln schlug ihm entgegen. Es war ein seit langem verlassener Dachsbau. Das Wurzelgewirr an seiner Decke hatte sich allmählich ausgebreitet und die Gänge überwuchert, die ins Innere des Hügels führten.

Napoleon schlüpfte in die Höhle. Hundertsechzehn folgte ihm und verkroch sich sogleich in eine Ecke. Der kleine Polarfuchs rollte sich am Eingang zu einem Knäuel zusammen, streckte die Schnauze hinaus und besah sich von oben her den Wald.

Wie hoch sie doch hinaufgeklettert waren! Weithin dehnten sich dunkle Wälder, dahinter flimmerten wie durch einen graublauen Schleier die Lichter des Dorfes. Und weit, weit entfernt erhob sich wie ein kleiner Pilz das Pumpenhaus aus

Backsteinen und zeigte über den Bäumen an, wo die Pelztierfarm lag.

Es wurde dunkel. Hinter den Wipfeln der Fichten kam ein mattschimmernder rötlicher Stern zum Vorschein, ihm folgten hintereinander noch drei helle, silberne Sterne. Das Sternbild des Orion war aufgegangen.

Langsam drehte sich die Erde weiter – und der Orion stand über dem Wald.

Orion! Du himmlischer Jäger mit dem blutroten Stern auf der Schulter, mit dem silbern leuchtenden Gürtel und dem funkelnden Sternendolch!

Den einen Fuß hatte Orion auf eine hohe Fichte im Dorf Kowylkino gesetzt, den anderen auf das Pumpenhaus. Bedrohlich spannte Orion den aus winzigen Sternen bestehenden Jagdbogen und richtete den Pfeil auf die Stirn des Stiers, der sein Sternengehörn über den halben Himmel gebreitet hatte.

Unten war ein Schnaufen und Knurren zu hören. Das waren die Dachse, die auf Jagd gingen. Sie huschten den Hang hinab und verschwanden in der Schlucht.

Es wurde ganz still. Irgendwoher, wohl aus dem Dorf Kowylkino, drang eine menschliche Stimme herauf: „... vergiß nicht, die Schrauben festzuziehen ...!“

Die Stimme verstummte, und man erfuhr nicht, was es für Schrauben waren und ob sie nun angezogen wurden oder nicht.

Die Dachsnacht

Die Dachse wuselten die ganze Nacht in der Schlucht herum. Es war anscheinend die letzte Nacht vor ihrem Winterschlaf.

Das Knurren der Dachse beunruhigte Napoleon, er konnte nicht einschlafen, immer wieder öffnete er die Augen, bereit, dem unbekannten Feind entgegenzutreten. Einer dieser knurrenden Dachse – er war der älteste und so grau, daß selbst die Streifen auf seiner Schnauze ausgeblichen waren – näherte sich der Höhle, in der die Füchse schliefen.

Napoleon blaffte ihn an, heiser wie ein Rabe. Seine Augen glühten rot aus der Höhle hervor.

Der Dachs war schon so alt, daß er nicht mehr unterscheiden konnte, was für ein Tier er vor sich hatte. War es nun ein Hund oder ein Fuchs – wer sollte das auseinanderhalten? Der Alte beschloß, sich nicht mit dem Tier einzulassen, und trollte sich, verächtlich knurrend, in die Schlucht. Er brummte noch lange vor sich hin, schimpfte auf Napoleon.

Aber die Spuren, seine eigenen Spuren im Schnee beunruhigten Napoleon. Sie waren ein Teil seiner selbst, zogen sich wie ein riesenlanger Schwanz durch den Wald und die Schlucht. Jeden Augenblick konnte ihn jemand an diesem Schwanz aus dem Dachsbau hervorziehen und zur Pelztierfarm zurückbringen.

Auch Direktor Nekrassow schlief in dieser Nacht schlecht, obwohl unter seinem Fenster keine Dachse umherhuschten und knurrten. Er träumte von großen Unannehmlichkeiten und Verlusten, die der Tierfarm durch Napoleons Flucht drohten. Er drehte und wälzte sich unruhig unter seiner Bettdecke.

„Katja“, sagte er im Traum, „gib mir Moosbeermus.“

Auch die Praskowjuschka schlief unruhig, wurde wiederholt wach, murmelte vor sich hin und schlug mit den Fäusten aufs Kopfkissen.

Prächtig dagegen schlief in dieser Nacht der Jäger Frol. Er träumte von einem warmen Laden und einer Kiste Makkaroni. Dabei schnarchte er fürchterlich und mit Leidenschaft. Es hörte sich an, als würde er den Namen des berühmten deutschen Philosophen aussprechen: „Feuerrr-bach! Feuerrr-bach!"

Die Dachsnacht zog sich lange hin. Der Orion stieg am Himmel empor und wanderte langsam zur Seite, immer hinter dem Stier her, der am Horizont verschwand. Gegen Morgen sank der Orion hinter den Erdsaum, nur der blutrote Stern von seiner Schulter leuchtete noch lange über den Fichten, der Stern Beteigeuze, dessen klangvoller Name sich in unseren Wäldern recht merkwürdig ausnimmt.

Vor Sonnenaufgang liefen die Dachse noch ein letztes Mal schnaufend und pfeifend durch die Schlucht. Dann huschten sie in ihre Löcher und Höhlen, um zu schlafen. Und kaum hatte sich der älteste Dachs hingelegt, da zeigte ein preiselbeerfarbener Streifen über den fernen Wäldern den Sonnenaufgang an.

Aus der Schlucht war indessen kurzes Kläffen und Rascheln in dem welken, mit lockerem Schnee bedeckten Gras zu hören. Jemand folgte der Spur der Füchse. Dann knisterte es im verdorrten Engelwurz am Bach, und der Verfolger stieg herauf. Napoleon sträubte sich das Fell.

Ein Wacholderzweig bewegte sich, schnellte hoch – und ein kleines rötliches Tier kam direkt auf die Höhle zugesprungen. Als es Napoleon erblickte, begann es begütigend zu winseln.

Es war Marquis, der älteste Polarfuchs aus der Tierfarm.

Marquis

Napoleon kannte den rotpelzigen Marquis gut.

Marquis hauste im Käfig gegenüber und schlummerte von morgens bis abends, die Schnauze in den buschigen Schwanz gekuschelt. Er tobte niemals im Käfig herum wie die anderen Füchse, und das Gitter zerbiß er auch nicht. Den ganzen Tag über schlief er und wurde nur wach, wenn die Freßnäpfe gedreht wurden.

Diese Musik vor den Mahlzeiten liebte Marquis über alles, und er war auch selbst ein recht guter Musikant, konnte auf seinem einfachen Instrument viele jubelnde Töne hervorzaubern, aber auch traurige, nachdenkliche. Er hatte demnach eine empfindsame Künstlerseele.

Der kleine Polarfuchs aber konnte die Blechmusik nicht ausstehen. Vom Geschepper der Futternäpfe sträubte sich ihm das Fell. Er bellte, um das Klappern zu übertönen, und drehte dabei wider Willen ebenfalls seine Schüssel – er wollte es nicht, aber sie zog ihn an, lockte ihn.

Napoleon verwunderte es nicht im geringsten, daß Marquis auf dem Dachsberg erschien. Er dachte nicht einmal darüber nach, wieso Marquis, der doch in der Tierfarm zu schlafen hatte, hier auftauchte.

Inzwischen beschnupperte Marquis Napoleon und Hundertsechzehn, der müde gähnend ebenfalls aus der Höhle hervorgekommen war.

Auch am Eingang zur Höhle und am Stamm der Fichte schnupperte Marquis herum. Als er die Dachsspuren wahrgenommen hatte, schnaubte er verächtlich.

Marquis war bedeutend älter als Napoleon. Schon fünf Jahre lang drehte er seinen Futternapf auf der Tierfarm. Er war älter und auch stärker, und so stolzierte er jetzt gebieterisch auf der Bergkuppe umher und betrachtete die Ausreißer.

Marquis ließ seine kleine graue Schnauze den blauen Horizont entlangwandern und sie beim Pumpenhaus verweilen, das über den Wäldern die Pelztierfarm anzeigte.

Dem kleinen Polarfuchs gefiel das nicht. Auch er betrachtete den Horizont, richtete seine Nase aber genau nach Norden und lief, ohne zu überlegen, den Hügel hinab, doch nicht zur Schlucht, sondern in entgegengesetzter Richtung, zum Fichtenwald. Hundertsechzehn trat unentschlossen auf der Stelle, dann folgte er Napoleon.

Marquis verlor jedoch nicht den Kopf. In drei Sätzen holte er Napoleon ein, packte ihn mit den Zähnen hinterm Ohr und schubste ihn beiseite, um selber die Führung zu übernehmen. Seine Kraft, seine Größe und alle Regeln bestimmten einzig Marquis zum Leittier. Und so beschloß Hundertsechzehn, sich nicht in diesen Streit einzumischen.

Er lief als letzter.

In den ausgetretenen Spuren fiel ihm das Laufen leicht.

Bald lag der Dachsberg hinter ihnen, und über ihren Köpfen ragte Nadelwald auf, so dicht, daß nicht einmal eine Meise anzutreffen war. Nur ein graubärtiger Auerhahn bemerkte die Flüchtlinge, doch er regte sich nicht in seinem Fichtenzelt, obwohl ihm die vorbeihastenden Tiere merkwürdig vorkamen – der rotpelzige Marquis, der platinfarbene Napoleon und der blaue Hundertsechzehn.

Etwa eine halbe Stunde lang lief Marquis gen Norden. Er sah sich nicht nach seinen Begleitern um und machte auch keine Rast. Zielstrebig sprang er über gefällte Bäume hinweg und durchquerte Holzschläge und Schneisen.

Marquis befand sich das dritte Mal in seinem Leben auf freiem Fuß.

Beim ersten Mal war er genau wie Napoleon ausgerissen, drei Tage lang in den Wäldern umhergestreunt und hungrig und abgerissen wieder zur Farm zurückgekehrt. Ein Jahr danach brach ein anderer Fuchs aus, er hieß Riesling. Es war Sommer und von dem Ausreißer keine Spur. Damals verfiel der Direktor auf die Idee, Marquis hinterherzuschicken. Der Direktor hatte begriffen, daß Marquis, der das freie Leben gekostet hatte, ganz bestimmt zur Farm zurückkehren würde. Und richtig, zur Mittagsfütterung erschien Marquis, und der erschöpfte Riesling trabte hinter ihm her.

Heute lief Marquis zum dritten Mal frei herum, doch niemals zuvor hatte er sich so weit in den Wald vorgewagt. Damals, als er selbst ausgerissen war, und auch dann, als er Riesling in der Nähe der Farm im Gebüsch auflauerte, war noch das Geschepper der Futterschüsseln zu hören gewesen.

Marquis rannte immer noch in nördlicher Richtung, fühlte aber, daß er sich bald nach Süden wenden mußte. Er umging Windbrüche und tat, als suche er den besten Weg, wobei er sich ganz unmerklich, aber immer mehr nach rechts wandte und die Entlaufenen schließlich um den Hügel herumlotste, so daß ihr Schwanz nach Norden zeigte.

Napoleon begriff, daß Marquis was im Schilde führte, doch dieser schnürte zielstrebig, und von hinten trieb Hundertsechzehn, der keinerlei Zweifel hegte, zur Eile an.

Dem Fichtenwald schlossen sich lichte Espenhaine an. Unerwartet zeigte sich der Himmel über ihnen, und vor ihnen lag ein weites, verschneites Feld. Hinter dem Feld ragten ein Bretterzaun, vereinzelte Fichten, die nur noch oben Äste hatten, und ein großer steinerner Pilz, das Pumpenhaus, das über den schwarzen Wäldern die Tierfarm anzeigte.

Ganz nah erklang Fuchsgekläff, ein säuerlicher Geruch

nach eiskaltem Futterbrei lag in der Luft, und ein durchdringender, vertrauter Klang erscholl: Die Füchse spielten mit den Freßnäpfen.

Hundertsechzehn ist hin und her gerissen

Vor dem Loch im Zaun machte Marquis halt. Er wandte sich nach seinen Begleitern um, wedelte gelassen mit dem Schwanz in Richtung Tierfarm. Das sollte heißen: Los, Kinder, wir gehen zurück, fressen uns satt, schlafen uns aus, und dann werden wir weitersehen!

Hundertsechzehn war sogleich begeistert, sprang aufgeregt um Marquis herum und schlug mit der Pfote, als drehe er seinen Futternapf. Hundertsechzehn, den blauen Zweijährigen, hatte diese unsinnige Rennerei ermüdet. Ihm war, als kehre er nach langer Wanderschaft endlich heim.

Zu Hause ist es immer schön. Dort warten: ein Käfig, der doch eigentlich recht gemütlich ist, Futter, soviel man will, ein Freßnapf, die vertrauten Nachbarn, die alten Gewohnheiten, ein geregeltes, normales Leben. Wie schlecht ist der dran, der kein Zuhause hat. Diese ewigen Wanderer treiben sich bald hier, bald da herum, mal verschlägt es sie an dieses, mal an jenes Ufer, doch sie können nichts ihr eigen nennen, weder einen Käfig noch einen Futternapf.

Das Scheppern verstummte, statt dessen wurde der Futtergeruch stärker: Die Arbeiterinnen begannen mit der Fütterung. Durch die Ritzen im Zaun waren ihre hohen Stimmen zu hören.

Die Laute, der Geruch, die Stimmen quälten Napoleon. Er ließ plötzlich den Kopf hängen, auch sein platinfarbenes Fell hing schlaff und glanzlos an ihm herab. Was denn, wo kam auf einmal die Tierfarm her? Napoleon verfiel in Nachdenken. Er setzte sich wie ein Hund in den Schnee.

Einem stolzen Tier sah er jetzt nicht im geringsten ähnlich, sondern eher einem Hofköter, dem man einen Tritt versetzt hatte, damit er einem nicht vor den Füßen herumkroch.

Marquis sprang zu Napoleon, schnappte spielerisch nach seinem Ohr und näherte sich rückwärts dem Loch im Zaun. Hundertsechzehn folgte ihm. Als Marquis seinen Kopf bereits durch den Zaun gesteckt hatte, kläffte Napoleon kläglich los. Marquis verharrte. Hundertsechzehn sah sich erstaunt um.

In diesem Augenblick traf der kleine Polarfuchs seine Entscheidung. Er schüttelte den prächtigen Kopf und verwandelte sich von einem geprügelten Köter in einen echten Polarfuchs. Seinen kostbaren platinfarbenen Schwanz wandte er der Farm zu, die Schnauze reckte er genau nach Norden, und dann rannte er los, seiner eigenen Spur nach. Hundertsechzehn war verdutzt. Er fühlte sich hin und her gerissen, wußte nicht, was er tun sollte. Einerseits wollte er sich natürlich satt fressen und ausschlafen, andererseits zog es ihn zum kleinen Fuchs, der schon weit weg über das offene Feld trabte.

Ja, der Polarfuchs Napoleon mit seinen runden Ohren und dem platinfarbenen Fell!

Seine majestätische schwarze Schnauze, auf der sich wie eine Kompaßnadel von der Stirn bis zur Nase ein weißglänzender Streifen zog, hielt er genau nach Norden gerichtet.

Was hatte er für einen prächtigen Schwanz! Leicht wie ein Laubbüschel, warm wie Eiderdaunen und unauffällig wie ein

Löwenzahnschirmchen! Mit diesem Schwanz um den Hals konnte ein Wandersmann wer weiß wohin ziehen – und sei es zum Nordpol!

Ja, der Schwanz des kleinen Polarfuchses! Weder Rotfuchs noch Zobel haben solch einen prächtigen Schwanz aufzuweisen! Seine Farbe war wie die der Wolken, die in den blauen Himmelstiefen über den Birken und Espen verschwanden. Und seine Form erinnerte an ein Luftschiff.

Hundertsechzehn konnte sich nicht entschließen. Einerseits wollte er durch das Loch im Zaun schlüpfen, sich satt fressen und sich ausschlafen, andererseits war in ihm ein Gefühl für Kameradschaft erwacht: Er war doch mit dem kleinen Polarfuchs zusammen ausgerissen, und sie hatten alles gemeinsam durchgestanden.

Hundertsechzehn winselte schuldbewußt, als wolle er sich bei Marquis entschuldigen. Dann lief er über das Feld hinter Napoleon III. her – wie ein Hund hinter seinem Herrn.

Das kam unerwartet für Marquis. Im ersten Moment wollte er den Ausreißern nachsetzen, aber er war schon zu müde und fürchtete um sein Mittagsfutter. Kläglich heulte er ihnen nach.

Am Feldrain blieben die Füchse stehen, um sich ein letztes Mal nach Marquis umzusehen. Wie ein kleiner roter Fleck nahm sich Marquis auf dem hellen Schnee, vor dem schartigen Zaun aus, über den der Futtergeruch und das Aluminiumscheppern drangen.

Der graue Fuchs

Die Füchse überquerten das Feld und gelangten auf einen Fahrweg.

Der Schnee hatte sich hier mit Schmutz und Sand zu einer gelben Pampe vermischt. Doch der Weg führte genau nach Norden, und Napoleon war froh, daß sie auf diesem Weg keine Spuren hinterließen.

Lange trabten die Füchse den Weg entlang.

Plötzlich erscholl hinter ihnen ein Höllenlärm.

Mit leeren Milchkannen klappernd und mit den Bremsen quietschend und kreischend, holte sie ein Lastwagen ein.

Der Polarfuchs sprang in den Graben und verbarg sich. Hundertsechzehn kauerte sich nieder und bedeckte den Kopf mit den Pfoten.

Das Auto hielt an.

Erstaunt betrachtete der Fahrer Schamow das wollige Tier, das da so reglos auf dem Weg lag. Aus der Fahrerkabine war zu sehen, wie der Wind in dem schimmernden Fell spielte.

Ein grauer Fuchs! dachte Schamow. Was mach ich bloß?

Kopflos kramte er unter dem Sitz nach einem Gegenstand, womit er dem Tier eins überziehen konnte.

Er bekam einen Schraubenschlüssel zu fassen, lehnte sich aus der Kabine heraus und schleuderte ihn mit voller Wucht. Doch er hatte zu viel Hoffnung auf seinen Wurf gesetzt. Der Schraubenschlüssel sprang – kantipper, kantapper – den Weg entlang.

Daneben! dachte Schamow verärgert.

Mehr Schraubenschlüssel hatte er nicht.

Aufgeregt zog er seine Wattejacke aus und kletterte aus der Kabine. Er hielt die Wattejacke wie einen großen Flügel ausgebreitet und schlich auf Hundertsechzehn zu.

Dem Fahrer hämmerte das Herz wie rasend: Er fürchtete, die seltene Beute könnte ihm entwischen. Noch heftiger aber schlug Hundertsechzehn das Herz. Es tuckerte nur so!

Aus zwei Schritt Entfernung machte Schamow einen Satz, warf die Wattejacke über den Fuchs und preßte ihn mit dem Knie zu Boden.

Hundertsechzehn sträubte sich nicht und biß auch nicht. Angstvoll sah er Schamow an und konnte nicht begreifen, was hier vorging.

„Ich hab einen grauen Fuchs gefangen! Ich hab einen grauen Fuchs gefangen!" rief Schamow. Seine Ohren glühten vor Freude. Die Mütze auf seinem Kopf hüpfte.

Er schnallte seinen Riemen ab und schnürte Hundertsechzehn damit zusammen. Da ging ihm ein Licht auf: Das ist doch kein gewöhnlicher Fuchs, sondern sicher einer aus der Tierfarm.

In Schamows Kopf begann es zu arbeiten: Was tun? Sollte er den Fang verheimlichen oder auf die Farm bringen – es war immerhin Staatseigentum?

Unschlüssig trat er aufs Gaspedal, wendete den Lastwagen und fuhr zur Tierfarm.

„He, Tantchen!" rief er der Pförtnerin am Tor zu. „Wo ist euer Chef? Ich hab da so ein Tier gefangen. Ob das eins von euch ist?"

Die Pförtnerin schaute in die Kabine, ließ einen erstaunten Ausruf und dann einen Pfiff aus der Trillerpfeife hören. Und schon drehte sich alles um Schamow.

Nekrassow kam herbeigeeilt, Brigadier Filin kam herbeigeeilt, sie klopften Schamow auf die Schulter, zogen mit ihm ins Büro und fragten ihn aus, wo und wie es gewesen sei und ob er nicht Napoleon III. gesehen habe. Schließlich gaben sie ihm eine Belohnung: zwanzig Rubel.

Die Belohnung brachte Schamow ganz aus dem Häuschen. Er knüllte den Schein lange in der Hand und wiederholte immerzu: „Und gerade zu den Feiertagen!“

Ja, Schamow hatte Glück. Er hatte nie im Leben mit einem Wunder gerechnet, hatte nie dem blauen Vogel nachgestellt, und plötzlich – fängt er einen grauen Fuchs!

Seither spähte Schamow, wenn er unterwegs war, immer aufmerksam die Gegend ab und hielt vorsorglich etliche Schraubenschlüssel bereit. Doch nie in seinem Leben ist ihm je wieder ein grauer Fuchs begegnet.

Helme und Räder

Als der Autolärm verhallt war, kroch Napoleon aus dem Straßengraben hervor und beschnupperte die Stelle, wo Hundertsechzehn gelegen hatte. Er konnte sich nicht erklären, wo sein Gefährte geblieben war, wollte aber möglichst rasch von der Straße verschwinden.

Während er noch überlegte, kamen zwei Motorradfahrer um die Kurve gebraust. Sie hatten orangefarbene Helme auf, die inmitten der trüben Farben gefährlich leuchteten.

„Guck mal“, schrie der erste Motorradfahrer. „Ein junger Fuchs!“

Der zweite hatte bei dem Motorengeheul nichts verstanden, winkte nur fröhlich ab und jagte weiter die Straße entlang. Napoleon sprang im letzten Moment zur Seite – die Motorräder sausten an ihm vorbei.

Er begriff nichts von alledem, tauchte im Straßengraben unter, kauerte sich nieder und schloß die Augen.

Die Motorradfahrer ließen plötzlich die Motoren verstummen, stiegen ab und kamen vorsichtig näher geschlichen. Ihre langen Finger in den Handschuhen hielten sie gespreizt, wodurch die Hände wie riesige Schmetterlinge aussahen.

Der kleine Fuchs sprang aus dem Straßengraben hervor und flüchtete querfeldein.

„Los, hinterher! Er entkommt uns!" schrien die Motorradfahrer, warfen ihre Motorräder an und nahmen die Verfolgung auf.

Auf dem holprigen Feld kamen sie nur schwer voran – aufheulend stuckerten die Motorräder über die gefrorenen Erdschollen. In den Stahlgetrieben knirschte es wie Tausende von leeren Futternäpfen, unter den Rädern spritzte der Schneematsch in Fontänen auf.

Der kleine Fuchs wandte sich bald nach rechts, bald nach links, mal rannte er aus Leibeskräften, mal duckte er sich, um dem ohrenbetäubenden Lärm zu entgehen.

Schließlich machte der eine Motorradfahrer eine ungeschickte Wendung, und sein Motorrad stürzte um. Der andere fuhr auf, blieb mit dem Rad stecken, machte einen Satz und flog aus dem Sattel. Auf dem Feld entstand ein ratterndes Gewühl aus Rädern und Helmen.

So ein schrecklicher, gespreizter Handschuh sprang von der Hand des einen Motorradfahrers und kroch plötzlich auf Napoleon zu, anscheinend, um ihn zu packen. Napoleon heulte auf und verbiß sich in den Handschuh.

Den Handschuh zwischen den Zähnen, lief er zur Straße und entdeckte, daß ein Rohr darunter hinwegführte. Der kleine Fuchs verkroch sich darin.

Der Kampf mit den Hofhunden

Napoleon saß in dem Rohr und hörte, wie die Helme fluchten, während sie die Motorräder zur Straße zurückschoben. Es dauerte lange, bis sie wegfuhren, sie fummelten herum, schraubten etwas fest und klopften mit den Schraubenschlüsseln.

Der zerbissene Handschuh winselte kläglich zwischen Napoleons Zähnen, er rief wohl seinen Herrn.

Als die Helme endlich weggefahren waren, schlüpfte der kleine Fuchs aus dem Rohr hervor und schnürte in Richtung Norden. Den Handschuh des Motorradfahrers hielt er zwischen den Zähnen, dieser zappelte und versuchte, sich loszureißen.

Jetzt lief der kleine Fuchs nicht auf der Straße, sondern neben ihr weiter. Sobald er ein Auto hörte, versteckte er sich hinter einem Erdklumpen.

Das Feld führte nun zu einer Schlucht hinab. Dahinter lag das Dorf Kowylkino.

Der kleine Fuchs traf auf einen Zaun, schlüpfte, ohne zu überlegen, durch ein Loch, erblickte einen zweiten Zaun und zwängte sich erneut durch einen Spalt. Doch er war kaum zehn Schritt weit gekommen, da stieß er abermals auf einen Zaun. Dahinter ragte ein schwarzer, hölzerner Buckel auf – ein Haus.

Der kleine Fuchs wollte zurücklaufen oder sich seitlich wegschleichen – doch überall umgaben ihn Zäune und Häuser mit merkwürdigen Rohren, die von den Dächern herabhingen und nichts Gutes verhießen.

Mit einemmal stand er vor dem Dorfladen.

Es dunkelte bereits. Über der Ladentür brannte eine Lampe. Aufkommender Wind ließ sie unter ihrem Blechschirm knarrend hin und her schaukeln.

An der Vortreppe stand ein gelber Köter, die Hündin Damka. Sie lauerte auf ihren Herrn. Als sie den kleinen Fuchs erblickte, bleckte sie böse die Zähne und begann zu knurren. Sogleich kam unter der Treppe ein zweiter Köter hervor, so ein kurzbeiniger, nicht höher als eine Hitsche und wie ein Ferkel anzusehen.

Der kleine Fuchs erschrak und wich zurück, doch Damka preschte hinter ihm her, den Rachen mit den scharfen Zähnen aufgerissen. Napoleon schüttelte den Kopf, und der Motorradhandschuh sprang wie ein ekelhafter, großer Frosch auf Damka zu. Vor Entsetzen warf sich Damka auf die Erde, der Handschuh aber landete auf ihrem Rücken.

Doch da fuhr Hitsche auf Napoleon los, kläffte widerwärtig und packte ihn mit den Zähnen am Schlafittchen. Ein großes Büschel Haare blieb ihm im Rachen stecken. Er würgte es heraus, begann zu spucken und zugleich aus Leibeskräften zu jaulen, denn der junge Fuchs hatte sich in seine Schnauze verkrallt und schüttelte ihn ordentlich.

Zu Hilfe! schrie Hitsche. Aus dem ganzen Dorf jagten die Hunde zum Laden, und an der Vortreppe entbrannte eine Hundeschlacht. Auf den Tumult hin kam ein Mann in Gummistiefeln aus dem Geschäft gerannt.

„Kusch!“ brüllte er und trieb die Hunde mit Fußtritten auseinder. „Weg hier! Weg!“

Die Köter stoben auseinander. Nur der kleine Fuchs blieb neben der Vortreppe auf der Erde liegen, und neben ihm im Schnee lag der zerbissene Handschuh des Motorradfahrers. Der Mann hob ihn auf, probierte ihn an – er paßte auf die linke Hand.

„Was für ein komischer Handschuh! Haben sich die Hunde etwa darum gezankt?“ sagte der Mann und schaute suchend um sich: Ob nicht irgendwo der andere Handschuh zu sehen war?

Dieser Mann war der Zimmermann Merinow.

Der gütige Zimmermann Merinow

Merinow galt im Dorf als ein guter Zimmermann.

Er konnte Holzhäuser und Badehäuser bauen, er zimmerte Bienenstöcke und fertigte aus Birkenholz Schemel an. Außerdem verstand er sich darauf, hölzerne Löffel zu schnitzen. Er bemalte sie mit Blumen und Vögeln und verkaufte sie auf dem Markt.

Merinow betrachtete den kleinen Polarfuchs und glaubte, er habe einen jungen Hund vor sich.

Ein englischer Spitz, dachte er. Bestimmt haben ihn die Leute aus den Datschen ausgesetzt.

Der Zimmermann Merinow kannte sich mit Hunden nicht aus, aber er war gut zu ihnen. Auf seinem Hof lebte die Hündin Palme, die er gern hinterm Ohr kraulte.

Merinow stupste den „englischen Spitz“ mit der Stiefelspitze und wollte nach Hause gehen, doch der Spitz winselte und schmiegte sich an seine Gummistiefel.

„Was denn?“ sagte der Zimmermann verwundert. „Was wimmerst du denn? Geh zu deinen Datschenleuten!“

Aber der englische Spitz ging nicht zu den Datschenleuten, sondern blieb wie tot auf der Erde liegen. Napoleon hatte

seine einstige Schönheit eingebüßt und sah jetzt aus wie ein unvorstellbar heruntergekommener Welpe, der weder von Nutzen ist noch eine Rasse hat. Das kostbare Fell starrte vor Schmutz und hing in Zotteln herab. Und niemand hätte bei seinem Anblick ahnen können, daß dieses unansehnliche Tier aus einer Pelztierfarm stammte.

„Haben dich ordentlich gezaust, du Ärmster", sagte der Zimmermann. „Nächstes Mal bist du klüger und läßt dich nicht mit den Hofhunden ein. Na gut, ich bring dich irgendwo unter." Er packte den Spitz am Fell wie eine junge Katze und trug ihn in den Laden.

Dort ging es laut her, viele Menschen drängten sich am Ladentisch.

„Wer will einen Welpen!" rief der Zimmermann. „Einen englischen Spitz! Die von den Datschen haben ihn ausgesetzt! Ein dressierter Hund! Er futtert Konfekt!"

Die Leute im Laden lachten und lärmten. Die Verkäuferin Assja rief: „Geh bloß nach Hause, Merinow. Dein Welpe hat uns gerade noch gefehlt!"

Der Zimmermann Merinow pries noch einmal lauthals seinen Welpen an, dann kaufte er sich Machorka und verließ den Laden.

„Na schön", murmelte er, als er auf die Vortreppe trat. „Wenn ihr ihn nicht wollt, nehme ich ihn eben mit nach Hause und schenke ihn Vera. Da hast du einen englischen Spitz, Vera, werde ich sagen. Soll er auf unserem Hof bleiben. Für Palme wird's dann auch lustiger."

Der Zimmermann steckte sich den kleinen Fuchs unter die Jacke. Den Motorradhandschuh stopfte er in die Tasche.

Es war trocken und warm unter der Jacke des Zimmermanns und roch nach Machorka und Tischlerleim.

Palme

Seine Stiefelschritte hallten laut auf dem gefrorenen Erdboden. Als der Zimmermann Merinow zu seinem Zaun kam, blieb er stehen, um seine Zigarre zu Ende zu rauchen. Seine Frau war streng: Zu Hause durfte er nicht rauchen. Und der Zimmermann hatte Respekt vor seiner Frau. Er stand eine Weile am Zaun und paffte. Von der Zigarre rieselten Sternchen auf den Boden.

Der Zimmermann trat den Stummel aus, öffnete die Pforte und ging auf den Hof.

„Da wären wir", sagte er und holte den kleinen Fuchs unter seiner Jacke hervor. „Hier bin ich zu Hause. Siehst du das Haus? Das ist unser Haus. Und das ist unser Stall, und das dort sind unsere Kirschbäume. Vor Palme brauchst du keine Angst zu haben, sie tut dir nichts ... Palme! Wir sind's!"

Der Zimmermann setzte den kleinen Fuchs auf die Erde, zog den Motorradhandschuh aus der Tasche, warf ihn auf die Treppe und ging ins Haus. Aus der offenen Tür strahlte elektrisches Licht, und ein ungewöhnlich angenehmer, köstlicher Essengeruch strömte nach draußen – die Frau hatte die Kohlsuppe aus der Ofenröhre geholt.

Alles auf Merinows Hof war solide angelegt. Das Haus hatte der Zimmermann aus dicken Kiefernstämmen gebaut und die Fenstereinfassungen mit Pflanzenmotiven verziert. Vor den Fenstern wuchsen kleine, knorrige Kirschbäume. Von ihren Zweigen hingen lange graue Eiszapfen herab. Neben dem Haus befand sich der Stall, in dem Merinows Kuh Worja zufrieden muhte. Neben dem Stall standen ein Sägebock und die Hundehütte, die mit Dachpappe gedeckt war.

Ein gescheckter, dicker Köter kam aus der Hütte hervor.

Er gähnte, und als er den kleinen Fuchs bemerkte, blaffte er träge. Das war Merinows Palme.

Sie sah aus wie ein alter bewachsener Kiefernstubben. Die großen Schlappohren verliehen ihr Ähnlichkeit mit einer Palme.

Mit ihrer großen feuchten Nase, die selbst im Dunkeln rosa leuchtete, sog Palme die Luft ein und nahm sofort alle Gerüche wahr, sie witterte die Kohlsuppe, den Motorradhandschuh, Napoleon und sogar den Mond, der für eine Minute hinter einer Schneewolke hervorlugte.

Der Geruch des kleinen Fuchses behagte Palme nicht, er war ihr zu scharf und zu metallisch. Doch er stachelte sie auch nicht sonderlich auf.

Was hilft's, schien Palme gutmütig zu denken. Es gibt solche und solche Gerüche. Nicht so schlimm. Hauptsache, er hat ein gutes Herz.

Mit ihren großen tropischen Ohren schlackernd, näherte sich Palme dem kleinen Fuchs. Der wälzte sich sogleich auf den Rücken und spreizte die im Käfig lang gewordenen Krallen. Aber Palme nahm keine Notiz von ihnen. Sie streckte ihre riesige Zunge heraus, die für sie scheinbar viel zu groß war, und beleckte Napoleon. Warm, zärtlich und wohltuend war diese Zunge. Man konnte sie wohl nur mit einer Badewanne vergleichen, in der eine Mutter ihren Säugling badet.

In diese Zunge seine Krallen schlagen – das konnte der kleine Fuchs einfach nicht. Er winselte, hielt Palme seinen Bauch und die platinfarbenen Flanken hin, und mit einemmal war aus Napoleon III. ein gewöhnlicher Welpe geworden.

Palme leckte Napoleon ab, wie es sich gehörte, und fand, sein Geruch sei nun ein bißchen erträglicher geworden. Sie schubste den kleinen Fuchs zur Hundehütte.

Merinows Palme war überhaupt eine gutherzige Person, so eine, die ihren Gästen sogleich alle möglichen Pfefferkuchen und Fladen vorsetzt. Unter ihrer Hundehütte hielt sie allerlei Reste und abgenagte Knochen versteckt, und als sie etliches von diesen Vorräten hervorgescharrt hatte, bewirtete sie Napoleon damit.

Er stürzte sich knurrend auf die Brotkrusten und Hahnenköpfe, Palme aber strich um ihn herum, knurrte zärtlich und nötigte zum Schmausen.

Ja, Merinows Palme war eine freundliche Gastgeberin, und wenn sie in ihrer Hundehütte einen Samowar gehabt hätte, hätte sie sicherlich auch den noch in Gang gesetzt.

Die Nacht in der Hundehütte

Die Dämmerung ging in Dunkelheit über, und sogleich brach von allen Seiten die Nacht über Kowylkino herein. Man wußte gar nicht, woher sie mit einemmal kam: ob sie sich vom Himmel herabsenkte oder ob sie aus den tiefen, mit Engelwurz überwucherten Schluchten oder gar aus den Dachshöhlen aufstieg.

Gegen Mitternacht setzte Frost ein. Der Mond war hinter den graublauen Wolken hervorgekommen und hatte sich mit einem blauen Hof umgeben. Dieses kalte, nächtliche Licht stimmte die Dorfköter unendlich traurig, und sie begannen allesamt den Mond anzubellen. Sie kläfften und heulten.

Das Mondlicht weckte auch in Palme Wehmut. Sie fing ebenfalls an zu jaulen, stimmte in den Chor ihrer Dorfgenossen ein. Ihre Stimme war anfangs warm und samten, dann stieg sie immer höher, verlor dabei das Warme und Weiche und zog sich bald wie ein dünner Seidenfaden bis zum Mond hinauf. Als Palme den Mond erreicht hatte, senkte sie langsam den Kopf und erblickte die Fenster von Merinows Haus, aus denen elektrisches Licht strahlte. Das elektrische Licht machte Palme rebellisch, und sie kläffte los, als wollte sie ihre Herren auf die Straße rufen, um ihnen von ihrer nächtlichen Sehnsucht zu erzählen.

Palmes Stimme beunruhigte Napoleon. Sie erinnerte ihn an die heiseren Schreie der Polarfüchse, an die Stimmen der Arbeiterinnen und an das Scheppern der Aluminiumschüsseln.

Er schaute mißmutig zum Mond auf und versuchte mit den Dorfkötern zu heulen, doch es gelang ihm nicht: Aus seiner Kehle kam nur Gekläff, das sich wie der heisere Husten eines alten Mannes anhörte. Diese Krächzlaute paßten überhaupt nicht zum Geheul der Haushunde. Napoleon war überflüssig in diesem nächtlichen Chor, wie er überhaupt hier im Dorf überflüssig war: ein prächtiges Tier, weder wild noch zahm, sondern vom Menschen gezüchtet.

Vor dem Gebell der Hunde verkroch sich Napoleon zu Palme in die Hütte, kuschelte sich in der hintersten Ecke in warme Lumpen und dämmerte ein.

Den Motorradhandschuh hatte er mitgenommen, denn dieser war jetzt ganz zahm geworden.

Der Wind, der hoch am Himmel dahinjagte, trieb die Wolken auseinander, und man konnte sehen, wie aus der Schlucht von Kowylkino die Milchstraße auftauchte. Und auf dieser Straße kam langsam hinter dem Stier her Orion angezottelt und schritt die nächtlichen Stunden ab.

Schrecklich blitzte der Dolch an seinem Gürtel, der Bogen

spannte sich – und schon durchmaß ein schneller Pfeil das Himmelsgewölbe und bohrte sich in die Stirn des Himmelsstiers.

Von dem schrecklichen Schlag rieselten Funken – verirrte Kometen – über den ganzen Himmel und verglühten irgendwo über dem Pumpenhaus, dem kleinen Pilz aus Backsteinen, der über den schwarzen Wäldern die Tierfarm anzeigte.

Nein, Orion holte den Stier nicht ein, er hatte ihn gestern nicht eingeholt, und er würde ihn auch heute und morgen nicht einholen. Eher fand Direktor Nekrassow den kleinen Polarfuchs wieder, holte er Napoleon III. in die Tierfarm zurück.

Ich hätte der Praskowjuschka doch eine Prämie zubilligen sollen, dachte Direktor Nekrassow in diesem Augenblick. Immerhin gibt sie sich viel Mühe ... Und jetzt hab ich nichts als Ärger.

Na schön, kriege ich eben keine Prämie, dachte die Praskowjuschka zur gleichen Zeit. Geld allein macht auch nicht glücklich ...

Im Einschlafen wälzte sie sich unruhig in ihrem hohen Bett mit den Silberkugeln am Kopfende, seufzte, bemitleidete sich und Napoleon, der jetzt wer weiß wo hungrig und einsam umherirrte.

Eine Schneewolke zog am Himmel auf, verhüllte den Mond und breitete sich wie ein Mantel um die Schultern des Himmelsjägers.

Und sogleich verstummten die Dorfhunde, ihre Ketten begannen zu rasseln: Sie legten sich schlafen. Nur Palme bellte noch lange, bis das Licht in Merinows Haus erlosch.

Palme kroch in die Hütte und drängte Napoleon an die Wand. Sie strömte so eine Hitze aus, daß Napoleon nach Luft rang und sich herumwälzte, ohne jedoch wach zu werden. Er reckte seine Schnauze nach Norden und fand in der Wand der Hundehütte einen Spalt. Dort schmiegte er seine Nase an und lag wieder ruhig. Durch den Spalt drangen Kälte und frischer Schneegeruch herein.

Der kleine Polarfuchs Napoleon schlief ein, und er hatte wohl noch nie in seinem Leben so ruhig geschlafen wie in dieser Nacht auf dem Hof des Zimmermanns Merinow, von der heißen und gutherzigen Palme behütet. Er träumte von langen Käfigreihen, von Marquis, wie er den Futternapf drehte, und von Hundertsechzehn, wie er, mit dem Gesicht nach unten, auf dem Weg lag.

Palme schlief behaglich, schnarchte und schnaufte. Sie träumte von einer großen gefüllten Pastete, wie man sie sicherlich zu den Festtagen backen würde.

Die große Vera Merinowa

Gegen Morgen schneite es so dicht, daß der Zimmermann früher aufstand, um mit dem Schneeschieber die Wege zu säubern.

Palme kroch aus der Hütte hervor und gähnte genüßlich. Hinter ihr erschien der kleine Fuchs, gähnte und reckte sich ebenfalls.

„Na so was!“ Der Zimmermann lachte. „Du gähnst! Hat Palme dich gewärmt? Vera, komm mal raus und guck, was ich dir mitgebracht hab!“

Auf der Vortreppe erschien Vera, die Tochter des Zimmermanns, ein großes Mädchen, das bereits in die zweite Klasse ging. Sie war schon fast so groß wie ihr Papa. Ein fest geflochtener Zopf, dicker als ein Schiffstau, fiel ihr über die Schulter.

„Was ist denn das für einer?“ fragte Vera, als sie den kleinen Polarfuchs sah. „Papa, du willst dir wohl einen Spaß machen?“

„Das ist ein englischer Spitz, Vera“, antwortete der Zimmermann, der übrigens ein bißchen Angst vor seiner Tochter hatte, denn sie war sehr streng. „Die Leute von den Datschen haben ihn ausgesetzt. Er tat mir leid.“

„Ist denn das überhaupt ein Hund? Guck mal, was er für einen Schwanz hat, und eine richtige Fuchsschnauze!“

„Vielleicht eine Mischung aus Hund und Fuchs?“ sagte der Zimmermann unsicher.

„Papa, überleg doch mal, was du redest. Wie soll es denn zu so einer Kreuzung kommen? Die Füchse leben sonstwo, die Hunde dagegen im Dorf. Das ist ein wildes Tier, aber kein Hund.“

Veras Mutter, Klawdija Jefimowna Merinowa, kam auf die Vortreppe, ein Handtuch über dem Arm. Auch ihr fiel ein Zopf über die Schulter, nur war er viel dünner als der ihrer Tochter. Klawdija Jefimowna arbeitete als Buchhalterin im Kolchos, und vor zwei Jahren war sie mal mit dem Vorsitzenden in der Tierfarm gewesen, hatte sich dort die Polarfüchse und die Rotfüchse angesehen. Sie wußte sofort, was für ein Tier da vor der Hundehütte im Schnee saß.

„Ein Polarfuchs!“ sagte sie. „Er ist bestimmt von der Farm ausgerissen.“

„Ich hab ihn gestern vorm Laden den Hunden entrissen“, brüstete sich der Zimmermann.

„Ich möchte mal wissen, was du dort zu suchen hattest?“ fragte Klawdija Jefimowna.

„Na ja, Klawdija ...“, stammelte der Zimmermann verlegen. „Du weißt doch, ich mußte mir Tabak kaufen. Und wo krieg ich sonst welchen her?"

„Der ganze Hof hat nach deinem Tabak gestunken", versetzte Mutter Merinowa unwirsch, hockte sich hin und musterte den kleinen Fuchs.

„So ein schönes Fell", sagte Vera. „Mama, gib ihm doch ein bißchen Kohlsuppe!"

„Das fehlte noch, daß wir wilde Tiere füttern. Vater wird sich aufs Fahrrad setzen und den Fuchs zur Tierfarm bringen."

„Nein, nicht wegbringen, Mama", bettelte Vera. „Er kann doch bei uns bleiben. Wie ein Hund. Wir ziehen ihn auf!"

„Weshalb soll ich jetzt herumfahren, Klawdija!" Der Zimmermann unterstützte Vera. „Bei dem Schnee komme ich sowieso nicht weit! Außerdem scheint mir die Hinterachse nicht ganz in Ordnung zu sein."

„Das ist wohl gestern beim Tabakkaufen passiert, was?"

Zimmermann Merinow hüstelte verlegen, kramte unter der Vortreppe ein Seil hervor und verschwand durch die Pforte, nachdem er rätselhaft mitgeteilt hatte: „Ich gehe Stangen holen."

Die Kohlsuppe vom Vortag

Behutsam strich Vera dem kleinen Polarfuchs übers Fell. Er kauerte sich zusammen und starrte zum Zaun. Die leise Berührung von Menschenhand überraschte Napoleon, doch sie war nicht unangenehm, sondern ließ plötzlich ein wohliges, warmes Schaudern den Rücken herunterlaufen.

Vera aber staunte, was für ein feines Fell er hatte. Es rieselte und rann unter den Fingern, lebte geradezu und fühlte sich richtig wie Silber an. Vera wäre gar zu gern mit dem Finger den weißen Streifen entlanggefahren, der die Nase des kleines Fuchses teilte, doch sie wagte es nicht.

„Mama, bring doch die Kohlsuppe. Wir geben ihm zu fressen."

Mutter Merinowa strich Vera über den Kopf und sagte: „Bist ein braves Mädchen. Du hast Tiere gern. Na gut, ich muß heute sowieso neue Suppe kochen."

Sie ging ins Haus und brachte in einem Kochtopf die Kohlsuppe, nach der es gestern so appetitlich gerochen hatte.

Sie füllte Palmes Futternapf. Für den kleinen Fuchs hatte Vera eine alte Bratpfanne ohne Stiel hervorgesucht, und nun bröckelte sie ihm noch Brot in die Suppe.

Palme wedelte mit dem Schwanz, ging zu ihrer Schüssel und schlapperte glücklich die Kohlsuppe auf.

„Schleck nur, schleck, hab keine Angst!" redete Vera Napoleon zu.

Er sträubte sich, wollte erst mal die Pfanne drehen und geriet dabei mit seiner Pfote unversehens in die Kohlsuppe. Er leckte sie ab und merkte sofort, daß er noch nie so etwas Scharfes und Gesalzenes gegessen hatte. Gleich tauchte er seine Pfote noch mal ein und erwischte einen zottligen Klumpen.

„Das ist Kohl", erklärte Vera. „Schleck nur, schleck . . . Da sind auch Zwiebeln drin, solche runden Dinger, aber die sind wohl zerkocht. Und Kartoffeln sind auch drin."

Napoleon leckte an dem Kohl herum. Und so begann er zu fressen: Er tauchte immer wieder eine Pfote in die Kohlsuppe und leckte sie dann ab. Gestern hatte die Suppe vielleicht noch appetitlicher gerochen, aber auch jetzt war sie gut. Ein säuerlicher, deftiger Dampf stieg von ihr auf.

Während der kleine Fuchs sich über die Kohlsuppe vom Vortag hermachte, holte Vera Merinowa einen Strick. Sie band ihn mit einer losen Schleife behutsam um seinen Hals und befestigte das andere Ende an einem Ring, der in die Wand der Hundehütte eingelassen war.

„Hier bleibst du bis zum Mittagessen sitzen", sagte sie.

Erst als er die Pfanne leergeschleckt hatte, merkte Napoleon, daß ihn am Hals etwas störte. Er verrenkte sich den Hals und versuchte mit der Pfote den Strick abzukratzen, der sich schon fest zugezogen und ins Fell gegraben hatte. Dann dachte er, er könnte vor diesem Ding davonlaufen. Er machte einen Satz zur Seite: Der Strick schnürte ihm die Kehle zu, und Napoleon fiel in den Schnee.

„Nur keine Aufregung!" Vera beschwichtigte ihn. „Du brauchst bloß bis zum Mittagessen so zu sitzen. Damit du nicht wegläufst. Wenn ich aus der Schule komme, baue ich dir eine Hütte."

Vera streichelte den kleinen Fuchs liebevoll, redete ihm gut zu, wie es eine Mutter mit ihrem Kind tut.

Ich werde ihn Tischka nennen, dachte sie.

Vera Merinowa war ein gutes Mädchen. Sie liebte alle Tiere, ganz gleich welche. Doch am meisten hatten es ihr Säugetiere angetan.

Der Köter Hitsche

Mutter Merinowa ging zur Arbeit. Vera in die Schule. Das Haus war nun leer.

Palme aber war ein Stubenhocker. Sie trieb sich nicht gern auf den Straßen herum, sondern lud sich am liebsten Besuch ein.

Als sie sich satt gefressen hatte, sprang Palme auf die Hundehütte, streckte sich auf dem flachen Dach aus und wartete auf Gäste.

Napoleon, den der Strick bekümmerte, kroch in die Hütte. Ihm war, als habe ihn ein schreckliches, starkes und unsichtbares Tier am Hals gepackt und halte ihn fest. Wenn es noch fester zupackte, würde es ihn erwürgen. Der Motorradhandschuh, der auf einem Lumpenhaufen döste, regte sich, fuhr ihm zärtlich mit dem Zeigefinger über die schwarze, von einem weißen Streifen geteilte Nase. Napoleon winselte, doch der Handschuh konnte den Strick an seinem Hals nicht lösen.

Bald erschien der erste Gast auf dem Hof: Palmes alte Freundin, das Hündchen Hitsche.

Der kleine, boshafte Hund Hitsche hatte einen schlechten Charakter. Er stahl alles, was ihm unter die Augen kam, und fiel die anderen gern hinterrücks an. Die Dorfhunde konnten ihn nicht leiden. Aber Palme tat er leid.

Kleine Hunde sind eben böse, sagte sich Palme. Man muß Mitleid mit ihnen haben. Ihr Leben ist verpfuscht.

Mit dem hungrigen Köter Hitsche teilte sich Palme immer die Knochen, die von Merinows Tisch abfielen, und so stellte sich Hitsche jeden Morgen ein: zum gemeinsamen Schmaus und zu einem kleinen Schwatz.

Als Palme den Gast erblickte, wedelte sie freundlich mit

dem Schwanz. Hitsche bleckte schon von weitem die Zähne, hechelte und setzte in langen Sprüngen zur Hundehütte.

Plötzlich blieb sie wie erstarrt stehen, krauste die Nase: Was riecht hier so widerwärtig? Palme schnob beschwichtigend: Reg dich nicht auf, ein Bekannter oder Verwandter ist hier mit untergeschlüpft, ein Cousin sozusagen.

Mit dem Motorradhandschuh zwischen den Zähnen kam der kleine Fuchs aus der Hundehütte.

Hitsche jaulte los, in ihren Augen glomm Angriffslust auf. Sofort fiel ihr wieder ein, wer ihr gestern die Schnauze zerkratzt hatte.

Ohne sich zu besinnen, stürzte sie sich auf den kleinen Polarfuchs, biß zu und riß ihm aus seinem platinfarbenen Fell ein Büschel heraus. Napoleon verkrallte sich in ihre Nase, und wieder erscholl das jämmerliche Gewinsel.

Palme sprang von der Hundehütte herunter, schubste Hitsche mit der Schulter beiseite und stellte sich zwischen sie und den kleinen Fuchs.

Wartet mal, Kinder, wartet, schien sie zu sagen. Wir werden gleich klären, was los ist.

Aber Hitsche wollte überhaupt nichts geklärt haben. Aus ihrer Nase tropfte Blut, und ihr Maul war voller Fellhaare. Sie kläffte auch nicht bloß, sondern jaulte aus Leibeskräften.

Daraufhin kamen die fuchsrote Damka, der kleine Köter Moschka und der streunende Hund Schakal herbeigelaufen. Sie umringten Palme und Napoleon und knurrten gefährlich. Hitsche aber strich um sie herum und feuerte sie an.

Palme gefiel das ganze Spektakel nicht. Sie scheuchte Napoleon in die Hundehütte, kroch selbst hinein und ließ nur ihre gutmütige Schnauze hervorschauen. Sie knurrte friedfertig, um klarzumachen, daß es überhaupt keinen Grund für

Streitereien gäbe, daß es ihr Bekannter oder gar Verwandter sei und daß es doch schließlich ihr selbst überlassen bleibe, wen sie in ihrer Hütte beherberge.

Doch Palmes Beschwichtigungen nützten nichts. Die Meute rückte dichter an die Hundehütte, die heimtückische Hitsche sprang aufs Dach und bearbeitete es mit ihren Krallen. Die kleine Moschka, Hitsches Verwandte, wurde überaus frech. Mit ihren Hinterläufen scharrte sie den Boden auf: Erd- und Schneeklumpen flogen der gutmütigen Hausherrin auf die Schnauze.

Da riß Palme die Geduld. Ergrimmt sprang sie aus der Hütte hervor und fügte ihr einen schrecklichen Biß zu. Sofort hatten sich Moschka, Palme, Damka, Hitsche und der Herumstreuner Schakal zu einem einzigen zottligen Haufen verbissen. Napoleon aber schaute aufgeregt von der Hundehütte aus zu und sah dabei seinem berühmten Namensvetter irgendwie ähnlich: Ganz so hatte sicher Kaiser Napoleon aus dem Marschallzelt den Verlauf einer Schlacht verfolgt.

Die Hunde verwickelten sich zu einem regelrechten Seemannsknoten: in der Mitte ihre Schnauzen, und außen fuchtelten ihre Schwänze. Das ganze Knäuel trudelte über den Hof und stieß den Sägebock um. Doch da kam plötzlich eine Konservendose geflogen und traf mitten hinein. Dazu ertönte ein entsetzlicher Befehl: „Artillerie! Feuer! Die linke Kanone mit Sprengsätzen – Feuer!“ Darauf hagelten Geschosse auf die Hunde nieder – Tonscherben und donnernde Konservendosen. Als erster machte sich Schakal davon, danach Moschka. Nach vier Sekunden war der Hof leer.

Jemand mit einer Offiziersmütze spähte über den Zaun auf Merinows Hof. Es war der Vorschüler Serpokrylow.

Zweiter Teil

Der Vorschüler Serpokrylow

Nach dem Frühstück machte der Vorschüler Serpokrylow gewöhnlich eine Runde durchs Dorf. Nachdem er seinen Papa, den allseits geachteten Schlosser Serpokrylow, zur Arbeit begleitet hatte, setzte er eine Offiziersmütze auf, schulterte sein Gewehr – es bestand aus einem Stück Wasserrohr – und begab sich auf Patrouille.

Alle seine Freunde gingen in die Schule, und deshalb blieb Serpokrylow bis gegen ein Uhr mittags allein. Aber das störte ihn nicht, weil ihn seine militärischen Pflichten in Anspruch nahmen. Mit gefälltem Bajonett schlich Soldat Serpokrylow am Zaun entlang und hielt nach feindlichen Kundschaftern oder Adjutanten Ausschau.

Am Klub traf er Onkel Ilja, den Briefträger, der sofort einen Schuß ins Bein abkriegte.

„Guck, Aljoscha!" rief Onkel Iljuscha. „Wieviel Schnee gefallen ist! Du mußt Tarnkleidung anlegen!"

Sergeant Serpokrylow schoß noch einmal, aber anscheinend daneben. Hinkend setzte Onkel Iljuscha seinen Weg durchs Dorf fort. Er steckte Zeitungen und Briefe in die Briefkästen an den Gartenpforten.

Aus einem Seitenweg rückte unterdessen ein feindliches Bataillon heran, das rote Stiefel trug.

„Soldaten, mir nach!" flüsterte Hauptfeldwebel Serpokrylow seinen Kundschaftern zu. „Wir nehmen sie in die Zange!"

Wie eine Lawine stürzten sich die Kundschafter auf die Feinde. Diese schlugen vor Schreck mit ihren Armen in weißer Tarnkleidung, reckten vor Angst ihre ebenfalls weiß getarnten Hälse, gackerten sogar zur Tarnung und stoben auseinander in die Gärten, wo sie in Tarnstellung gingen.

Plötzlich ratterte ein Panzer. Mit klirrenden Ketten tauchte er aus dem nächsten Unterstand auf.

„Wenn schon untergehen, dann mit Musik!“ rief Leutnant Serpokrylow, der eine Traktorabwehrgranate in der Hand hielt. Es gab eine furchtbare Detonation – und aus dem Panzer schoß eine Rauchwolke auf, er drehte ab und sackte in die Silogrube.

Nach dem Gefecht wurde es still. So eine Stille herrschte nicht mal in Friedenszeiten. Doch es war eine trügerische Stille. Vom Hof des Zimmermanns Merinow hörte man plötzlich Winseln und Gekläff.

„Vorwärts! Robben!“ kommandierte Hauptmann Serpokrylow, warf sich in den Schnee und pirschte sich rasch zum Zaun vor, hinter dem ein unerhörter Kampf entbrannt war.

Major Serpokrylow spähte durch eine Ritze im Staketenzaun und überblickte sofort die Lage.

„Bajonette gefällt!“ ertönte das Kommando. „Jungs, wir säbeln sie nieder! Macht eurem Oberstleutnant alle Ehre!“

Ein Feuerhagel belegte die Feinde.

„Danke, Genosse Serpokrylow“, sagte Palme. „Ihr aktives Eingreifen hat zum endgültigen Sieg geführt.“

„Ich bin ein Soldat!“ antwortete Oberst Serpokrylow bescheiden.

Der kleine Serpokrylow wollte zu neuen Kampferfolgen ausrücken, als er plötzlich einen kleinen wuschligen Soldaten mit gewaltigem Schwanzbusch gewahrte, der mit einem Strick an die Hundehütte gebunden war.

Guck einer an, was sich Vera Merinowa zugelegt hat! dachte er erstaunt und riß die Augen auf. Es waren höchst zivile Gedanken, die ihm nun durch den Kopf gingen: Was ist das für einer, der da vor der Hundehütte? Und was soll der riesige Handschuh dort im Schnee?

Der kleine Serpokrylow kletterte über den Zaun, hob den Handschuh auf und probierte ihn an.

Er reichte ihm bis über den Ellenbogen, und Serpokrylow lachte vor Vergnügen.

„Wer bist denn du?“ fragte er Napoleon, hockte sich hin und fuhr ihm mit einem Handschuhfinger über die Nase.

Napoleon verzog das Gesicht.

Wieder schossen Serpokrylow allerlei Gedanken durch den Kopf, sie drehten sich hauptsächlich um Vera Merinowa: Man müßte ihr einen kleinen Streich spielen, sie tut sowieso hochnäsig und braucht längst mal einen Denkzettel.

„Du bist meine Beute“, sagte er zu Napoleon und band die Leine los.

Er marschierte durch die Pforte auf die Straße und zog den kleinen Fuchs hinter sich her.

Die Siegesfahnen flatterten über dem Kopf von General Serpokrylow.

Auf zum Nordpol!

Das ist bestimmt ein Vielfraß, dachte Serpokrylow, als er durch die Pforte auf die Dorfstraße trat, die von Traktoren zerfahren war. Oder vielleicht ein Dachs? So einen Streifen auf der Nase hat er. Nein, er sieht aus wie ein Fuchs. Aber auch nicht ganz. Es wird ein Halbfuchs sein!

Da gerieten seine Gedanken auf den gleichen Weg, den schon Zimmermann Merinow eingeschlagen hatte. Vielleicht ist es eine Kreuzung aus einem Hund und einem Fuchs? Also ein Fuchshund – ein Hundefuchs ...

„Ein Polarfuchs!“ rief der kleine Serpokrylow plötzlich, vollführte einen Luftsprung und feuerte aus seiner Wasserrohrflinte. „Ein Polarfuchs! Ein Polarfuchs! Ich werd verrückt – ein Polarfuchs!“

Entzückt über seinen Scharfsinn, ballerte er unablässig in die Luft. „Bach-tararach-babach!“ Napoleon war ganz verängstigt von dem unerhörten Salut. Nie im Leben hatte er etwas Ähnliches vernommen.

Serpokrylow hatte seine Munition bald verschossen und zerrte nun an der Leine. Er wollte unverzüglich aufbrechen. Der Polarfuchs wurde plötzlich störrisch, stemmte sich mit den Läufen in den Boden und schüttelte den Kopf.

„Komm nur, komm!“ trieb Serpokrylow ihn an.

Napoleon schüttelte den Kopf, warf sich auf die Seite, kullerte sich auf den Rücken und versuchte mit allen vieren, sich den Strick vom Hals zu reißen.

Serpokrylow, das mußte man ihm lassen, war ein aufgeweckter Bursche. Er wartete, bis Napoleon sich beruhigt hatte, dann schwenkte er den Motorradhandschuh, um ihn zu locken. „Wenn du mitkommst, kriegst du ihn. Ein schöner Handschuh!“

Doch es half nichts. Der Polarfuchs beachtete den Handschuh überhaupt nicht.

„Na schön“, sagte Serpokrylow. „Wenn du nicht hinter mir hergehen willst, gehe ich eben hinter dir her. Lauf, wohin du willst.“

Napoleon III. hatte in seinem Leben schon allerlei Menschen zu sehen bekommen, aber solch ein Wicht, kaum größer als ein Fichtenstubben, war ihm noch nie begegnet. Das gefiel Napoleon plötzlich, und außerdem gefiel ihm, daß der Junge nicht mehr am Strick zerrte und auch nicht mehr schoß.

Der kleine Fuchs beschnupperte den Schnee und die Filzstiefel des kleinen Serpokrylow. Die Filzstiefel rochen nach Mäusen.

Napoleon schaute sich nach Merinows Hof um. Palme stand an der Pforte und schlackerte traurig mit ihren tropischen Ohren. Napoleon nickte ihr zu und richtete seine Nase gen Norden.

„Vorwärts!“ flüsterte Serpokrylow. Der kleine Fuchs lief genau in nördlicher Richtung durch das Dorf und Serpokrylow hinter ihm her.

Er hätte gern gepfiffen, so wie die Kavalleristen, wenn sie durch die Steppe reiten, oder laut aufgeheult, wie das Motorrad des Agronomen. Doch er fürchtete, das Tier dadurch zu erschrecken.

Wo will es denn hin? überlegte Serpokrylow. Bestimmt nach Norden. Ein Tier aus dem Norden zieht es natürlich nach Norden. Zum Nordpol!

Serpokrylow lachte, er glaubte alles zu wissen, alles zu verstehen. Und tatsächlich erkannte er immer deutlicher, was für ein Tier da vor ihm her flitzte und wohin es wollte.

Ich nenne es Filka, dachte er.

Napoleon hatte es eilig. Ihm kam es vor, als brauche er nur noch ein Stück zu rennen, um dem Strick zu entkommen. Der kleine Serpokrylow aber bemühte sich, so schnell zu spurten, daß der Strick dem Fuchs nicht in den Hals schnitt.

Wir laufen zum Nordpol! dachte Serpokrylow. Wohin sonst? Vorwärts! Ich wollte schon längst mal dorthin!

Der Vorschüler Aljoscha Serpokrylow fegte durch das Dorf Kowylkino, daß seine Orden nur so klimperten, immer hinter Napoleon III. her.

Mit jedem Schritt hingen mehr Orden an seiner Brust, mit jedem Schritt rückte der Nordpol näher.

Die Kreise, die der alte Herr Karassjow sieht

Nun ist es an der Zeit, vom alten Herrn Karassjow aus Kowylkino zu erzählen.

Solche alten Männer wie ihn, mit ungeschnittenem Bart und einer dunkelroten Nase, gibt es in jedem Dorf. Sie bewachen die Kolchosgärten und besohlen Filzstiefel. So auch der alte Herr Karassjow – er bewachte einen Garten und besohlte Filzstiefel. Kurzum, er war ein ganz normaler alter Mann. Nur in einem unterschied er sich von allen anderen alten Männern. Der alte Karassjow war ein Zauberer.

Das heißt, ob er wirklich zaubern konnte, vermochte niemand mit Sicherheit zu sagen.

Der Ofensetzer Wolopassow fragte ihn einmal: „Na, Alter, kannst du denn wirklich zaubern?"

„So recht und schlecht", antwortete der alte Karassjow darauf.

„Und lügen kannst du auch", sagte der Ofensetzer.

Karassjow lächelte gelassen. Plötzlich schaute er den Ofensetzer über die linke Schulter an. Wolopassow durchfuhr es, und er machte, daß er wegkam. Anderntags hatte er an seinem Hals eine eitrige Wunde.

Die Wunde wurde von Tag zu Tag größer, und seine Frau redete ihm zu, zum alten Karassjow zu gehen und sich zu entschuldigen.

„Gegen Zauberei hilft die Wissenschaft!" entgegnete Wolopassow.

Er kaufte sich Jod und pinselte die Wunde damit ein. Die wissenschaftliche Arznei kämpfte gegen die Zauberwunde und siegte schließlich.

Doch nicht solche Wunden waren es, mit denen Karassjow die Welt in Erstaunen setzte. Seine Hauptkraft bestand in etwas anderem: Der alte Karassjow nahm Lichtkreise wahr.

Was es für Kreise waren, konnte Karassjow selbst nicht recht erklären. Doch nach seinen Worten war es so ein Schein, den jeder Mensch um sich habe. Er sei farbig wie ein Regenbogen. Nur sei es nicht jedem gegeben, diesen Schein wahrzunehmen.

Zum Beispiel der Zimmermann Merinow – der sah gar keine Kreise, ebenso der Schlosser Serpokrylow. Überhaupt niemand nahm sie wahr. Einzig und allein der alte Karassjow.

An dem Tag, als Napoleon in Kowylkino erschien, saß der alte Karassjow auf der Bank neben seiner Pforte. Die Nachbarin Nefjodowa kam gerade vom Einkaufen und setzte sich zu ihm, um sich ein wenig zu verpusten.

„Was willst du denn mit soviel Brot?“ sagte Karassjow. „Zehn Brote!“

„Na hör mal!“ keifte die Nefjodowa gleich los und zählte auf, wieviel Personen zu ihrem Haushalt gehörten, und außerdem habe sie noch Hühner, eine Kuh und Ferkel. Und obendrein stünden ja die Feiertage bevor. Das rechnete sie so laut vor, daß der Alte auf beiden Ohren taub wurde, dann holte sie Luft und beschloß, ihn über den Lichtschein auszufragen. „Ist's wahr, daß die Menschen solche Kreise um sich haben?“

„Natürlich“, antwortete Karassjow. „Das ist nun mal so.“

„Und du siehst sie?“

„Wie sollte ich sie nicht sehen, wenn sie da sind“, entgegnete er.

„Hab ich auch so einen Kreis?"

„Natürlich", bestätigte Karassjow. „Aber er ist nicht besonders groß.

„Dann ist's nur so ein ganz kleiner?" fragte die Nefjodowa ein bißchen beleidigt.

„Was soll ich dir sagen", erwiderte Karassjow und zog an seiner Zigarre, „so ungefähr vier Zentimeter."

„Und welche Farbe hat er?"

Da betrachtete der alte Karassjow seine Nachbarin aufmerksam, blies den Tabaksqualm in die Luft und sagte: „Braun."

Diese Farbe gefiel der Nefjodowa nicht, und sie war gekränkt.

„Ein alter Hund bist du", versetzte sie. „Du qualmst und machst dadurch den Kreis ganz dunkel."

„Tabaksqualm beeinträchtigt die Kreise nicht", entgegnete der alte Karassjow, wobei er den Kreis der Nachbarin nochmals gleichgültig in Augenschein nahm.

„Pfui!" Die Nefjodowa spuckte aus. „Und du hast überhaupt keinen Kreis."

„Meinen eigenen kann ich nicht sehen."

Der Alte schmauchte seine Zigarre, und die Nefjodowa blickte ihn aus zusammengekniffenen Augen von der Seite an, als wollte sie herausfinden, ob nicht doch ein Kreis zu bemerken sei. Aber außer der Soldatenmütze, der Nase und der Zigarre gewahrte sie nichts. Auch auf der Straße waren keine Kreise zu erkennen, nur am Wegrand lag wie gewöhnlich ein Autoreifen.

Da kam ein Hund an einer Leine um die Ecke, und hinter ihm tauchte der kleine Serpokrylow auf.

„Guck mal, der Junge vom Schlosser läuft da. Hat er auch einen Schein?"

„Aha ..., das ist Aljoscha Serpokrylow. Er hat einen kornblumenblauen Schein mit rosafarbenem Muster darauf."

„Und der Hund hat auch einen?"

„Nein", sagte Karassjow. „Hunde besitzen keinen. Sie können den Schein bei anderen sehen, selber jedoch haben sie keinen. Aber wart doch mal! Was ist denn das? So etwas Merkwürdiges. Da zeichnet sich was Bläuliches ab. Das ist ja gar kein Hund!"

Der alte Karassjow war ganz aufgeregt. Er holte seine Brille aus der Tasche.

„He, Aljoscha, komm doch mal her!"

„Keine Zeit, Opa Karassjow!" rief Serpokrylow. „Ich laufe zum Nordpol!" Und schon war er um die Ecke verschwunden.

„Komisch", sagte der alte Karassjow aufgeregt. „Hunde haben nie so was, aber bei dem war ein bläulicher Schein zu sehen."

Während der Alte noch grübelte, erschien ein Mann auf der Straße.

Er hatte eine Fellmütze auf und einen halblangen Schafpelz an. Er kam rasch, fast im Laufschritt die Straße entlang. In der Hand hielt er einen dicken Knüttel mit einer Stahlspitze. Auf seinem Rücken baumelte an einem Riemen ein grüner Koffer.

„Was ist das für ein Mann?" fragte die Nefjodowa. „Was hat er für einen Kreis?"

„Pfui!" Der alte Karassjow spuckte aus. „Einen salatgrünen!"

Im rauhen Norden

In der letzten Unterrichtsstunde hatte die zweite Klasse Zeichnen.

Die Pause war zu Ende. Die Hausmeisterin Ambarowa lief durch die Korridore.

„Die Klingel funktioniert nicht!“ rief sie. „Es ist kein Strom. Geht in eure Klassenräume!“

„Ohne Klingel gehen wir nicht!“ brüllten Below und Bykodorow, zwei Schüler aus der vierten Klasse.

„Drrrrrr ...“ Vera Merinowa ahmte das Klingelzeichen nach.

„Dsin-trin! Tram-blam-blam!“ fiel die ganze zweite Klasse ein, und bald ertönte in der Schule solch ein Geklingel, wie es kein elektrischer Strom je erzeugen kann.

„Schluß mit der Klingelei!“ rief der Zeichenlehrer Pawel Sergejewitsch. „Holt eure Stifte und Zeichenblöcke vor!“

Die Schüler der zweiten Klasse zeichneten sehr gern und sehr gut.

„Richtige Talente!“ sagte Pawel Sergejewitsch von ihnen.

Seine Zeichenstunden begann Pawel Sergejewitsch gewöhnlich mit einem Zaubertrick: Er zog plötzlich eine riesige Gipsnase aus der Tasche, oder er hatte im Rucksack einen Pferdeschädel mitgebracht. Heute kam er mit leeren Händen. Die Zeichentalente starrten umsonst erwartungsvoll auf seine Taschen. Die Taschen bauschten sich nicht, keine Gipsnase kam zum Vorschein.

Pawel Sergejewitsch schritt durch die Klasse und blieb am Fenster stehen.

„Es hat ordentlich geschneit“, versetzte er. „Bald ist richtiger Winter.“

Die Kinder schauten aus dem Fenster. Dicht beschneit

standen die alten Birken, und die schwarzen Krähennester in ihren Zweigen trugen weiße Hauben.

„Seht ihr die Fichte da hinter der Tierfarm?“ fragte Pawel Sergejewitsch.

„Ja!“ rief Mischa Tschaschin, der Klassenbeste.

„Betrachtet sie genau“, forderte Pawel Sergejewitsch die Schüler auf.

Die Kinder musterten neugierig die Fichte, als erwarteten sie, daß Pawel Sergejewitsch gleich ein Kunststück damit vollbringen werde.

Doch Pawel Sergejewitsch tat nichts dergleichen. Die Fichte blieb reglos stehen und stützte mit ihrem weisen Haupt den grauen Himmel über Kowylkino.

Es war eine berühmte Fichte. In keinem Dorf, in keinem der umliegenden Wälder gab es einen Baum, der die Fichte von Kowylkino überragte, und ihr honigbrauner Stamm war dicker als das größte Faß. Die alten Leute behaupteten, die Fichte sei verzaubert. Noch nie hatte ein Blitz sie getroffen. Andere Bäume, die viel kleiner waren, mußten jährlich zur Zeit der Juligewitter daran glauben. Die Fichte aber blieb verschont.

„Es ist eine sehr alte Fichte“, sagte Pawel Sergejewitsch. „Und jeden Morgen, wenn ich in die Schule gehe, denke ich, Heinrich Heine hat sie gemeint in seinem Gedicht. Hört mal zu!

Ein Fichtenbaum steht einsam
Im Norden auf kahler Höh.
Ihn schläfert; mit weißer Decke
Umhüllen ihn Eis und Schnee.

Er träumt von einer Palme,
Die, fern im Morgenland,
Einsam und schweigend trauert
Auf brennender Felsenwand."

Die Kinder schwiegen eine Weile und dachten über das Gedicht nach. Aber dann begannen sie alle auf einmal zu streiten, welcher Baum wohl gemeint sein könne.

„Doch nicht unsere Fichte!"

„Natürlich unsere! Ist doch klar!"

„Wartet mal", mahnte Pawel Sergejewitsch. „Immer schön der Reihe nach. Mischa Tschaschin!"

Die Schüler verstummten. Mischa Tschaschin, der beste Schüler, wurde von allen in der Klasse geachtet.

„Damit ist nicht unsere Fichte gemeint", versetzte er. „Hier gibt es keinen Berggipfel. Und warum wird mit keinem Wort die Tierfarm erwähnt, die doch ganz in der Nähe liegt?"

Mischa Tschaschin setzte sich, und Kolja Kalinin ergriff das Wort.

„Ein Berggipfel ist nicht da, aber dafür ein Hügel", erklärte er. „Doch darum geht es nicht. Das Gedicht handelt von einer Fichte, die ganz allein steht. Also ist unsere Fichte gemeint. Es ist unsere Fichte, die von einer Palme träumt."

„Von Merinows Palme", warf Mischa Tschaschin ein und lachte.

„Von einer Kokospalme natürlich!" schrie Kolja Kalinin. „Von dir wird sie bestimmt nicht träumen!"

„Ruhe!" rief Pawel Sergejewitsch. „Kalinin, setz dich! Vera, du bist jetzt dran!"

„In dem Gedicht ist nicht unsere Fichte gemeint", erklärte Vera wider Erwarten, „sondern ein einsamer Mensch. Er steht da und ist traurig."

„Was du nicht sagst!“

„Dann müßte es ja heißen:

Ein Mensch steht einsam
Im Norden auf kahler Höh!“

„Schluß jetzt!“ sagte Pawel Sergejewitsch. „Hört auf zu schreien. Ich stimme Vera zu. Der Dichter spricht in dem Gedicht zwar von einer Fichte, aber er hat natürlich sein Schicksal und das der anderen Menschen gemeint. Wenn wir es lesen, denken wir auch über uns und über andere nach. So! Und nun wollen wir zeichnen!“

„Aber was denn?“

„Was? Eine Fichte, eine Palme, alles, worüber Heinrich Heine geschrieben hat.“

„Ist das ein Thema!“

„Geben Sie uns lieber eine Gipsnase!“

Die Kinder überlegten, wie eine Palme aussieht. Nur Kolja Kalinin machte sich sofort ans Werk.

„Hier – eine Fichte!“ flüsterte er. „Und da eine Palme! Hier Sand! Da einen Felsen!“

„Immer langsam“, ermahnte ihn Pawel Sergejewitsch. „Überleg dir genau, was du alles malen willst!“

Kolja hielt eine Minute inne, dann flüsterte er weiter: „Und jetzt schneit es! Direkt auf die Zweige! Direkt auf die Zweige! Hier ist der Berg! Hier die Farm am Berg, hier die Kühe, die Hühner! Da die Schule!“

„Vera Merinowa, geh an die Tafel und zeichne mit der farbigen Kreide!“

„Vera hat's gut“, murmelte Kolja. „Hier zieht ein Pferd ein Fuder Heu. Auf dem Fuhrwerk sitzt mein Papa.“

Es wurde still in der Klasse. Man hörte nur die Stifte über das Papier rascheln und die Kreide auf der Schiefertafel klopfen.

Ein blauer Berg wie in einer nördlichen Landschaft, von Felsen zerklüftet und von Höhlen durchzogen, nahm fast die halbe Tafel ein. Den Fichtenstamm zeichnete Vera mit roter Kreide, so daß er leuchtete. Seine orangefarbenen Zweige reichten weit nach oben, beinahe bis zum Bild des berühmten Chemikers Mendelejew, das über der Tafel hing. Oben, neben die Krone der Fichte, zeichnete Vera einen Kreis und in den Kreis Sand, viel Sand, einen glühenden Felsen und eine einsame Palme. Auffallend war, daß die Palmenblätter wie die Ohren von Merinows Palme aussahen.

„Gut", lobte Pawel Sergejewitsch. „Und was ist das da unter der Fichte?"

„Ein Fuchs", antwortete Vera. „Ein Polarfuchs."

„Sehr gut", sagte Pawel Sergejewitsch.

Vera war mit ihrer Zeichnung beinahe fertig und wollte noch einmal einen Blick auf die Fichte von Kowylkino werfen. Sie trat zum Fenster, doch da verschwamm ihr alles vor den Augen.

Hinter dem Schulzaun lief Aljoscha Serpokrylow die Straße entlang und vor ihm an einer Leine Tischka, der Polarfuchs. Als er Vera am Fenster entdeckte, blieb er stehen, legte seine Wasserrohrflinte an, zielte und traf sie mitten ins Herz. Der kleine Fuchs zerrte an der Leine, Serpokrylow schnitt eine Fratze und verschwand.

Gleich darauf bog ein Mann um die Ecke. Er steckte in einem halblangen Schafpelz und trug einen grünen Koffer auf dem Rücken.

Vera bemerkte ihn nicht. Sie war so aufgeregt, daß sie ihre Zeichnung nur mit Mühe beendete.

Pawel Sergejewitsch gab ihr eine Eins dafür, und sie durfte sich setzen.

Tausend Gedanken schossen Vera Merinowa durch den

Kopf, und von all diesen Gedanken wählte sie einen, den einzig richtigen aus.

Vera schrieb etwas auf einen Zettel und warf ihn Kolja Kalinin zu: „Halt dich bereit! Es gibt was zu tun!"

Wofür er sich bereit halten sollte, war Kolja nicht klar, und was es zu tun geben würde, wußte er auch nicht. Doch die letzten fünf Minuten saß er wie auf Kohlen.

Nur keine Aufregung, Vera, dachte er. Ich bin bereit.

Das Abenteuer am Nordpol

Mittlerweile waren die Schulterstücke an Serpokrylows Uniform bereits ins Unermeßliche gewachsen. Es leuchteten mehr Sterne auf ihnen als im Gestirn des Orion, und es ließ sich nicht mehr sagen. welchen Rang er hatte.

Durch das ganze Dorf war er nun schon hinter dem Polarfuchs hergetrabt.

Er bemühte sich, die Leine nicht straff zu halten. Dadurch kam es Napleon sogar vor, als sei er wieder frei, als renne der kleine Mensch nur hinter ihm her, wie es Hundertsechzehn getan hatte.

Auf der Anhöhe blieb Napoleon unter der Fichte von Kowylkino stehen und schaute sich nach Serpokrylow um. Nein, er sah doch nicht wie Hundertsechzehn aus, aber er sauste wenigstens nicht vor ihm her und zerrte an der Leine.

Aljoscha keuchte, er war ein wenig außer Atem geraten. Liebevoll schaute er den kleinen Fuchs an.

Von der Anhöhe aus überblickte man das Dorf Kowylkino in seiner ganzen Größe. Nun galt es also Abschied zu nehmen.

Eine lange Zeit hatte Aljoscha hier verbracht – sechseinhalb Jahre. Viel hatte er hier erlebt. Doch jetzt blieb alles hinter ihm, vor ihm aber lag der lange Weg zum Nordpol mit Schneetreiben und Schneesturm.

Ihn erwarteten Temperaturen unter hundert Grad Kälte und eine Nordpolexpedition, die er, Serpokrylow, leiten mußte. In Pelzstiefeln und mit einer Pistole in der Hand.

Und Vera Merinowa war die Expeditionsärztin.

„Genosse Expeditionsleiter“, sagte sie, „gestatten Sie mir, den Eisberg zu besteigen?“

„Einverstanden! Aber halt dich oben nicht lange auf. Es ist ein Schneesturm im Anzug. Du weißt ja, was das am Nordpol bedeutet.“

„Ich bin gleich wieder zurück. Ich klettere nur hinauf und mache sofort kehrt.“

Und kaum war Vera oben, da heulte der Sturm auch schon los.

„Bleibt in eurem roten Zelt!“ befahl Serpokrylow den Polarforschern. „Ich gehe Vera suchen.“

Er kletterte flink den Eisberg hinauf.

Der Schneesturm tobte mit unerhörter Gewalt, man sah nicht die Hand vor den Augen. Doch der Expeditionsleiter fand Vera. Halberfroren lag sie im Schnee. Und ein Eisbär beugte sich gerade über sie. Sofort feuerte der Expeditionsleiter einen Schuß aus der Pistole ab – der Eisbär brach zusammen.

Dann lud sich Serpokrylow Vera auf die Schulter und begann den Abstieg.

„Laß mich hier, Aljoscha“, bat Vera mit schwacher Stimme. „Laß mich hier im Schnee sterben!“

„Kommt gar nicht in Frage“, antwortete Serpokrylow. „Ich rette dich.“

„Rette dich selber, die anderen brauchen dich doch, mich braucht niemand."

„Wir werden beide gebraucht", antwortete der Expeditionsleiter und kämpfte gegen den Schneesturm an. Vera Merinowa auf der Schulter, schleppte er sich vorwärts.

„He, Kleiner, wart mal!" rief plötzlich jemand.

Aljoscha schaute sich um.

„Wart mal, warte!" rief der Mann im halblangen Schafpelz und lief die Anhöhe hinauf.

„Was willst du denn, Onkel?"

„Willst du einen Haken?"

„Was für einen Haken?" Aljoscha stutzte.

„Einen Angelhaken für Barsche und Plötzen. Willst du?"

„Warum nicht", sagte Serpokrylow.

„Also gut. Du befestigst deinen Köder, und schwupp! – schon zappelt eine zweihundert Gramm schwere Plötze am Haken!"

Der Mann im Halbpelz nahm den Koffer vom Rücken, murmelte „Barsche, Plötzen" und ließ das Schloß aufspringen.

Aljoscha blickte in den Koffer, und sein Herz schlug vor Aufregung höher. Golden und silbern blitzte und funkelte darin Angelzubehör: Plötzen aus Zinn zum Ködern und Schwimmerfedern.

Der „Plötzenmann" holte unterdessen eine Dose aus dem Koffer und hob mit dem Fingernagel den Deckel ab. Hunderte von Angelhaken lagen darin, ganz verschiedene: solche aus Stahl und aus Messing, zurechtgebogene und schmiedeeiserne.

„Such dir einen aus."

„Kann ich auch zwei nehmen?"

„Kannst du, weil du so ein braver Junge bist."

Aljoscha Serpokrylow hielt sich gar nicht für so einen besonders braven Jungen, doch er wählte sich zwei Haken aus, nahm seine Mütze ab und schob die Angelhaken unters Futter.

„Und für Haie hast du keine?“ fragte er.

„Was soll ich für Haie haben?“

„Angelhaken.“

„Nein.“

„Na gut. Ich muß los.“

„Wart mal! Ich hab dir Angelhaken gegeben, und was kriege ich von dir? Du mußt mir auch was geben.“

„Na gut“, willigte Aljoscha ein und zog einen kupfernen Gegenstand aus der Tasche. Es war die Tülle von einem Teekessel.

„Was soll ich damit?“ fragte der Mann im Halbpelz erstaunt.

„Das hier“, sagte der Vorschüler und steckte sich die Tülle plötzlich auf die Nase. Der Halbpelzmann fuhr zusammen. Ein richtiger Teekessel mit Offiziersmütze schaute ihn an und rollte mit den Augen, als würde es in ihm jeden Moment anfangen zu sieden.

„Nein, nein, mein Junge. Das taugt nichts. Gib mir lieber den Hund.“

„Das kann ich nicht.“

„Aber ich bin doch ganz allein, und der Hund könnte mich immer begleiten. Gib ihn mir.“

„Ausgeschlossen“, sagte Aljoscha.

„Die Angelhaken hast du genommen, aber der Hund ist dir zu schade. Das habe ich von dir nicht erwartet.“

Der Mann im Halbpelz schaute sich um. Plötzlich machte er einen Satz und packte die Leine, an der Napoleon angebunden war.

„Gib den Hund her", flüsterte er mit gräßlicher Stimme. „Das ist mein Hund und nicht deiner!"

Er zerrte an der Leine und stieß Aljoscha mit aller Kraft vor die Brust.

Serpokrylow fiel in den Schnee und verlor alle seine Orden und Medaillen.

Der Kampf an der Fichte von Kowylkino

Die Hausmeisterin Ambarowa steckte ihren Kopf zur Tür herein, blickte gleichgültig über die Klasse hinweg und sagte: „Der Strom ist weg, Pawel Sergejewitsch! Dssin! Die Stunde ist zu Ende ..."

Wie sehr die Kinder die Zeichenstunde auch liebten, das Ende einer Stunde liebten sie noch mehr. Sie sprangen von ihren Plätzen auf und klingelten auf hunderterlei Art.

„Komm mit!" rief Vera Kolja Kalinin zu und rannte aus dem Klassenraum.

In solchen Fällen überlegte Kolja nicht lange. Wenn ihm einer sagte „Komm mit!", so war er stets Feuer und Flamme und sauste auf der Stelle los, ohne zu fragen, wohin.

Er preschte auf die Straße, ließ Vera Merinowa in einer Kurve hinter sich und trabte mit seinen lederbesohlten Filzstiefeln den verschneiten Weg entlang. Erst nach ungefähr fünfzig Schritten machte er halt.

„Wo wollen wir denn hin, Vera?"

„Auf die Verfolgungsjagd! Serpokrylow hat den Polarfuchs entführt!"

„Den Polarfuchs!" rief Kolja. „Hurra! Los, hinterher! Was für einen Polarfuchs?" „Einen echten."

Bei diesen Worten wurde es Kolja ganz schwindlig. Er fragte erst gar nicht, was für ein Polarfuchs es war und woher er stammte. Er machte nur einen Luftsprung und schlug aus wie ein Pferd, das durchgegangen ist. Dann sauste er schnurstracks zu der einsamen Fichte von Kowylkino, unter der sich eine Gestalt mit Offiziersmütze abzeichnete.

Bei der Fichte angekommen, wunderte sich Kolja nur, daß Serpokrylow keinen Polarfuchs bei sich hatte. Andererseits wußte er nicht so genau, wie ein richtiger Polarfuchs aussah. Vielleicht hatte Serpokrylow ihn unter der Jacke versteckt! Deshalb fragte Kolja erst gar nicht, wo Aljoscha den Polarfuchs hatte, ob unter der Jacke oder unter der Mütze.

„Hurra!" schrie er. „Wir haben ihn. Haltet Serpokrylow!"

In vollem Lauf fiel Kolja über Serpokrylow her, schlug ihm die Offiziersmütze vom Kopf, daß sie in den Schnee flog. Doch Aljoscha ließ sich nicht so leicht unterkriegen und stemmte seinem Gegner das Knie in den Bauch. Er dachte, nun werde er gleich ein paar Judogriffe anwenden müssen.

„Halt!" rief Vera im Heranlaufen. „Ihr zerquetscht den Fuchs!"

Sie glaubte, der Fuchs sei in den Ringkampf verwickelt.

Das Wort „zerquetschen" bremste Kolja Kalinin. Er war jetzt fest überzeugt, daß Aljoscha den Fuchs unter der Jacke hielt. Deshalb lockerte er seinen eisernen Griff. Doch Aljoscha wußte ja genau, daß er nichts unter der Jacke hatte als sein stolzes, grimmiges Herz. Und da fiel Kolja auf den Judogriff herein. Mit einem Schwung warf ihn der kleine Serpokrylow über die Hüfte. Kolja schlug so hart auf dem Boden auf, daß die einsame Fichte von Kowylkino erzitterte und endlich die Palme im fernen Süden zu sehen bekam.

Aljoscha hob seine Offiziersmütze auf und sagte: „Nächstes Mal nimmst du das Maul nicht so voll.“

„Ich werd dir deins gleich stopfen!“ schrie der gekränkte Kolja und rappelte sich wütend auf. „Ich werd's dir zeigen!“

„Hört jetzt auf!“ sagte Vera und hielt Kolja am Ärmel fest. „Wo ist denn der Fuchs?“

Die große Vera Merinowa sah Serpokrylow unverwandt in die Augen.

Diesem Blick vermochte Serpokrylow nicht standzuhalten. Er konnte mit feindlichen Kundschaftern kämpfen, konnte Kolja Kalinin mit einem einzigen Judogriff umlegen, konnte seinem Vater ruhig in die Augen schauen, aber vor Vera wurde er bleich und verlegen. Deshalb blickte er nicht auf. Er starrte auf seine Füße, dann glitt sein Blick über den zertrampelten Schnee bis zum Fuß der einsamen Fichte von Kowylkino und kletterte dort wie ein Eichhörnchen den Stamm hinauf, immer höher, bis zum Himmel.

„Wo ist der Fuchs, Serpokrylitsch?“

Die Anrede „Serpokrylitsch“, so zärtlich und besorgt gesprochen, erschütterte Aljoscha tief.

„Warum hast du ihn losgebunden?“

Ja, warum? Warum hatte er den Polarfuchs losgebunden?

„Ich wollte jemanden ärgern.“

„Wen?“

„Dich.“

O Orion! Wie ging es bloß zu in der Welt! Man durfte nicht mal jemanden, den man gern hatte, ein bißchen necken!

„Wo ist der Fuchs, Serpokrylitsch?“

„Ein Onkel hat ihn mir weggenommen.“

Zervelatwurst

Die Leine schnitt immer tiefer in Napoleons Hals, spannte sich straff wie eine Saite und würgte ihn. Das Leuchten in Napoleons Augen erlosch.

„Bewegung, Bewegung, mein Hündchen!" trieb ihn der Mann im Halbpelz an. Er zog aus aller Kraft an der Leine, zum Wald, zur Schlucht hin, dorthin, wo die Milchstraße zum Himmel aufsteigt.

Napoleon versuchte sich dagegenzustemmen, doch der Strick packte ihn derart an der Gurgel, daß ihm die Beine den Dienst versagten. Nur mühsam erhob er sich wieder und eilte stolpernd zur Schlucht, wohin ihn die Leine zerrte.

Der Mann lief bald im Trab, bald im Galopp, dann wieder bremste er, als wollte er den Eindruck erwecken, daß er mit dem Hund nur so spazierengehe. Der gräßliche Knüttel mit der Stahlspitze lag schwer auf seiner Schulter, während der grüne Koffer auf seinem Rücken hüpfte und die metallenen Köder, Angelhaken und Dosen darin klapperten.

Die Schlucht von Kowylkino durchfurchte die Erde tief. Die Hänge waren von Holunder und wilden Himbeeren überwuchert und mit morschem Reisig übersät, das unter den Füßen knackte.

Bei den Holunderbüschen gab die Leine nach. Napoleon schmiegte sich in das Bruchholz, versuchte sich zu verstekken.

„Gleich, gleich", sagte der Halbpelzmann. „Gleich ist alles in Ordnung. Ich geb dir Wurst."

Er zerrte heftig am Strick und zog den kleinen Fuchs die Böschung hinab.

Auf dem Grund der Schlucht hob sich im Schnee schwarz ein alter Brunnen ab. Die Bohlen, aus denen sein Holzgerüst zusammengezimmert war, waren längst morsch, und es wucherten Pilze darauf, die wie orangefarbene Hufe aussahen.

„Uff!" seufzte der Halbpelzmann und schlang Napoleons Strick um einen Metallhaken in den Bohlen. „So, das wäre geschafft! Jetzt machen wir uns über die Wurst her. Gute Wurst, richtige Zervelatwurst."

Er öffnete den Koffer und holte etwas heraus, das in Zeitungspapier eingewickelt war.

„Da", sagte er und warf Napoleon eine Scheibe Wurst hin, an der Butter und Brotkrümel klebten. Er selbst aß ein belegtes Brot. Seine weiße Nase guckte dabei unter der Mütze hervor und bewegte sich, als verfolge sie aufmerksam Napoleon und das belegte Brot.

Der kleine Fuchs atmete schwer. Sein Hals, von der Leine wundgescheuert, tat sehr weh.

Er legte sich in den Schnee und schloß die Augen.

„Friß deine Wurst. Benimm dich wie ein gut erzogenes Tier. Alle, die uns hier sehen, sollen denken: Ein ordentlicher Mensch füttert seinen Hund. Niemand wird daraufkommen, daß ich kein besonders ordentlicher Mensch bin und daß der Hund überhaupt kein Hund ist, sondern Napoleon!"

Da lachte der Mann, und es klang wirklich ein bißchen unanständig. Beim Lachen fielen ihm Brotkrümel aus dem Mund.

„Da schwatzen die alten Weiber im Autobus: Napoleon ist ausgerissen. Ein seltenes Tier mit kostbarem Fell, wichtig für den Staat. Und nun sitzt Napoleon hier in der Schlucht. Hu-hu! Gleich werden wir ein Spielchen beginnen. Du bist Napoleon, und ich bin Michail Kutusow. Ich heiße ja auch Michail – Onkel Mischa."

Er verzehrte seine Schnitte, hob den Stock mit der Stahl-

spitze von der Erde auf und erklärte Napoleon: „Meine Frau wird sagen: Bist also wieder umsonst angeln gewesen und hast unnötig Geld ausgegeben! Ich aber bringe ihr einen Fang für ihren Kragen. Ich werde zu ihr sagen: Was schimpfst du bloß immerzu? Da hast du einen Barsch. Einen staatseigenen Barsch. Napoleon III.! Siehst du diesen Stock?" fragte Onkel Mischa. „Das, Napoleon, ist ein Eispickel, damit hackt man das Eis auf."

Plötzlich sprang er auf und schwang den Eispickel, Napoleon wich zur Seite, versteckte sich hinter dem Brunnengerüst. Onkel Mischa ließ den Pickel sinken.

„Uff!" seufzte er. „Ich bring's nicht fertig, Napoleon. Wenn ich auch kein besonders guter Mensch bin! Soll ich wegen eines dummen Weibes ein Tier umbringen? Was braucht sie einen Pelzkragen mit einer Fuchsschnauze? Dann verkaufe ich lieber den Kragen und hole mir für das Geld Zervelatwurst ..."

Onkel Mischa hob den Eispickel über den Kopf.

„Was ist unser Leben schon?" sagte er und trat auf Napoleon zu. „Zervelatwurst!"

Alles in Ordnung

Grimmig schaute der kleine Fuchs Onkel Mischa an, der herumsprang und vor sich hin murmelte. Es war schwer zu sagen, ob er begriff, was Onkel Mischa vorhatte. Doch Napoleon versteckte sich nicht mehr, sondern stand einfach da und musterte den Mann von oben bis unten. Napoleon hatte sich beruhigt, in seinen Augen leuchtete tatsächlich etwas Majestätisches. Er sah Onkel Mischa von unten her an, blickte aber zugleich auf ihn herab. Ja, eigentlich nahm er den Menschen gar nicht mehr wahr – vor ihm lag ein endloses schneebedecktes Feld.

„Ich bring's nicht fertig", versetzte Onkel Mischa. „Was bin ich doch für ein Schwächling! Zu nichts werde ich es im Leben bringen."

Er trat zum Brunnen und schaute in die modrige Tiefe.

„Alles in Ordnung!" schrie er, um sich selber zu beruhigen. Sein Schrei fiel in die Tiefe, verschwand, blieb irgendwo stecken, und das Echo kam nicht zurück. „Alles in Ordnung, alles in Ordnung! Ich habe ein wertvolles Tier in der Hand. Und niemand erfährt etwas davon. Uff!"

Onkel Mischa schwitzte, er kämpfte schwer mit sich, und wer weiß, wie dieser Kampf ausgegangen wäre, wenn nicht unverhofft eine glasklare Stimme erklungen wäre: „Hierher!"

„Was? Wohin?" Onkel Mischa war in heller Aufregung. „Wieso hierher? Etwa zu mir?"

„Über die Flanken angreifen!" ließ sich eine zweite Stimme aus dem Holunderbusch vernehmen. „Wir nehmen sie in die Zange!"

Es knackte im Windbruch. Wie ein kleiner Panzer stürzte ein Junge mit einer Offiziersmütze auf die Böschung der Schlucht hinaus.

„Feuer!" Er riß etwas aus der Tasche – eine Pistole oder eine Granate –, zielte und – piff, paff! – schwirrte etwas über Onkel Mischas Kopf. Was aber bloß? Doch nicht gar eine Gewehrkugel?

„Du Lümmel!" schrie Onkel Mischa mit häßlicher Stimme. „Ich werde dir die Ohren langziehen! Steck deine Knarre weg!"

Doch da belferte auf der anderen Böschung ein Granatwerfer los, und ein Kuhfladen sauste auf Onkel Mischa zu.

„Trommelfeuer!" Und jetzt wurde Onkel Mischa wirklich mit einem Feuerhagel eingedeckt. Der Himmel über ihm war voller Erdklumpen und Knüppel. Besonders widerwärtig war ein zerknautschter Schuh, der ihm mitten auf die Brust platschte.

„Feuer einstellen!" ließ sich eine Stimme vernehmen.

Ein Mädchen kam aus dem Gebüsch gestürzt, rannte zum Brunnen und band Napoleon los.

„Das ist gemein von Ihnen", sagte sie. „Schämen Sie sich!"

„Was fällt dir ein? Halt! Wer hat dir das erlaubt? Das ist mein Hund!"

„Artillerie, Feuer!"

„Aufhören!"

An den Holunderzweigen Halt suchend, kletterte Pawel Sergejewitsch in die Schlucht hinab. Seine Augen blitzten nach Lehrerart, über seiner Schulter hing ein doppelläufiges Gewehr.

„Rühr meinen Hund nicht an!" brüllte Onkel Mischa. „Das ist meiner, ich will ihn dressieren. Er soll auf zwei Beinen gehen und die Trommel schlagen."

„Lassen Sie die Leine los!" befahl Pawel Sergejewitsch streng und riß die Flinte von der Schulter.

„Was soll das heißen!" Onkel Mischa geriet in helle Aufregung. „Was wollen Sie mit der Waffe?"

„Kommen Sie mit zum Dorfsowjet, Bürger."

„Was fällt Ihnen ein! Wo denken Sie hin! Alles in Ordnung! Da nehmt euern verdammten Köter!"

Onkel Mischa schnappte seinen Koffer und rannte durch die Schlucht auf und davon.

„Schießen Sie, Pawel Sergejewitsch! Schießen Sie, sonst haut er ab!“

Pawel Sergejewitsch überlegte nicht lange. Er richtete sein Gewehr in die Luft und schoß. Wie eine schreckliche Verwarnung klang der Schuß. In Onkel Mischas Seele riß für alle Zeiten etwas entzwei.

Der Lauf zum Nordpol

Seltsam wirkte sich der Schuß auf den alten Brunnen aus. Zwanzig Jahre lang hatte er in Schlaf gelegen, nun wurde er plötzlich lebendig, murmelte ärgerlich „Alles in Ordnung“, um daraufhin wieder für immer zu verstummen.

Serpokrylow und Kolja fanden sich ebenfalls am Brunnen ein.

„Herrlich!“ rief Kolja und schlug sich begeistert auf die Schenkel. „Das ist ein Polarfuchs! Den müßte man malen!“

„Schön ist er!“ pflichtete der Lehrer bei. „Ein wunderbares Fell. Wir bringen ihn in die Schule.“

„Tischka, steh auf!“ sagte Vera und zog am Strick.

Und nun hätte der Gerettete natürlich aufstehen und lächeln müssen, doch statt dessen fletschte er böse die Zähne, als kenne er Vera Merinowa überhaupt nicht.

„Tischka, Tischka! Was hast du denn?“

„Tischka!“ Der Vorschüler prustete verächtlich. „Filka mußt du ihn rufen.“

„Nicht Filka, sondern Tischka.“ Vera stritt. „Das war meine Idee.“

Serpokrylow hatte Vera Merinowa gern, er hätte sie immer wieder vom Eisberg gerettet, hätte sie sogar auf Händen getragen. Aber wenn man ihn verletzte, wurde er störrisch wie ein Ochse. So war eine Zeitlang am Brunnen nichts weiter zu hören als: „Tischka ..." – „Filka ..." – „Dummkof ..." – „Kriegst gleich was ..." – „Versuch's doch ..." – „Ich mach's auch gleich ..." – „Na los, was stehst du noch ..."

Und Aljoscha wollte schon loslegen, aber da mischte sich der Lehrer ein.

„Hört auf!" sagte er. „Ist doch egal, wie er heißt. Wichtig ist jetzt, was wir mit ihm anfangen."

„Wir bringen ihn ins Dorf", antwortete Vera.

„Und dann?"

„Dann bleibt er bei mir. Ich ziehe ihn auf."

„Da hast du dir aber was ausgedacht", sagte Serpokrylow, als könnte er Vera Merinowa überhaupt nicht ausstehen. Er konnte es eben nicht ertragen, wenn man ihn verletzte.

„Nimm Filka ruhig zu dir. Wir werden ja sehen, wie du mit ihm fertig wirst!"

„Ich nehm ihn auch."

Vera zog entschlossen an der Leine. Wieder verdunkelten sich die Augen des kleinen Fuchses. Er stemmte sich mit seinen kurzen Läufen in die Erde, erwischte den Strick mit den Zähnen und hielt ihn grimmig fest.

„Wie geschickt! Guckt euch Vera an! Wie ein erfahrener Tierzüchter."

„Tischka, Tischka", sagte Vera zärtlich, „beruhige dich!"

Sie holte ein Bonbon aus der Tasche und streckte vorsichtig die Hand aus, um den Fuchs zu streicheln. Napoleon knurrte drohend, und das Bonbon fiel in den Schnee.

„Wie böse du bist! Tischka, was ist mit dir?"

„Hast du etwa gedacht, er leckt dir die Filzstiefel für ein

Bonbon? Gib die Leine her und geh weg! Er hat Angst. Geh am besten ganz weg. Serpokrylow wird die Sache übernehmen."

„Kommt, wir gehen!" sagte Pawel Sergejewitsch besonnen. „Wollen mal sehen, wie es bei Aljoscha klappt."

Pawel Sergejewitsch und die Kinder verließen die Schlucht und verfolgten von oben, was Aljoscha unternahm.

Aljoscha unternahm gar nichts. Er zog nur den Motorradhandschuh aus der Tasche und warf ihn Napoleon direkt vor die Nase. Dann konnte er sich doch nicht beherrschen, hob das Bonbon auf und steckte es sich in den Mund.

Danach blieb er unbeweglich hocken, rührte keine Hand und zog auch nicht an der Leine. Nur sonderbare Laute drangen aus der Schlucht. Es hörte sich an, als ob ein Pferd schmatzte. Doch es war Serpokrylow, der das Bonbon lutschte. Napoleon gefielen diese Laute wohl, sie beruhigten ihn sogar.

Leicht stupste er mit der Nase den Motorradhandschuh an, nahm ihn zwischen die Zähne. Der Handschuh zappelte ein wenig.

Napoleon schüttelte den Kopf, beschnupperte die ihm vertrauten Filzstiefel, richtete seine Nase gen Norden und strebte entschlossen aus der Schlucht heraus. Aljoscha eilte hinter ihm her, bemüht, die Leine nicht straff zu ziehen. Wer weiß, was Napoleon beruhigt hatte, der Handschuh oder die Filzstiefel. Wahrscheinlich hatte er einfach begriffen, daß Aljoscha vernünftig war: Er zerrte nicht an der Leine und hatte keinen Eispickel, mit dem er herumfuchtelte. Er lief nur hinter ihm her, genau wie Hundertsechzehn.

„Nun guckt euch Serpokrylow an!" Kolja Kalinin staunte.

Etwa dreißig Schritt von den Kindern entfernt verließ

Napoleon die Schlucht und schnürte geradewegs aufs offene Feld.

„Wo wollt ihr hin?"

„Zum Nordpol!"

„Komm zurück, zurück ins Dorf!" schrie Vera und lief hinter ihnen her, und sogleich setzten sich auch Kolja und Pawel Sergejewitsch in Bewegung.

„Komm zurück!"

Doch Napoleon machte keine Anstalten, ins Dorf umzudrehen. Er lief über ein Feld mit Wintersaat, überquerte ein Kleefeld, rannte in eine Schlucht, eine andere Schlucht nunmehr, nicht die von Kowylkino, sondern die von Kadoschkino, lief auf einer morschen Brücke über das Flüßchen Mschashka und strebte wieder aufs Feld hinaus.

Napoleon flitzte schnurstracks nach Norden. Er führte eine sonderbare Gesellschaft an: einen Vorschüler, zwei Schüler aus der zweiten Klasse und einen Lehrer mit einem Gewehr.

„Wie lange sollen wir noch rennen?" rief Pawel Sergejewitsch.

Aljoscha drehte sich um. „Wir sausen zum Nordpol! Wir sind Polarfüchse!"

Vera und Kolja lachten übermütig und begannen sogleich wie Polarfüchse zu bellen. Pawel Sergejewitsch hatte die sinnlose Rennerei bald satt.

„Jetzt sind wir keine Polarfüchse mehr!" rief er. „Jetzt sind wir Jäger! Vera, Kolja, nähert euch von rechts und drängt ihn zum Dorf ab!"

Sie trieben Napoleon auf das Dorf zu. Pawel Sergejewitsch zog seine Jacke aus und warf sie über den Fuchs.

„Wir tragen ihn in die Schule", sagte er.

Sikimora

Der Unterricht war längst aus. Die Kinder waren nach Hause gegangen.

Die Hausmeisterin Ambarowa wischte den Fußboden in den Klassenräumen. Den beiden Schülern Below und Bykodorow aus der vierten Klasse hatte der Direktor eine Strafe aufgebrummt: Sie mußten ihr das Wischwasser herbeischleppen. Die beiden störten die Hausmeisterin, wo sie nur konnten.

Als die Hausmeisterin in den Klassenräumen und im Lehrerzimmer mit ihrer Arbeit fertig war, trat sie auf die Vortreppe hinaus. Dort stieß sie mit Pawel Sergejewitsch zusammen, der ein zappelndes, wuschliges Wesen, das in Jacken und Schals gewickelt war, im Arm trug.

Aus dem Bündel blitzten stolz und mürrisch Napoleons Augen hervor.

„Du liebe Güte, Pawel Sergejewitsch!“ schrie die Ambarowa. „Was bringen sie da für eine Sikimora!“

So erhielt Napoleon III. den vierten Namen in seinem Leben, einen ganz unsinnigen diesmal – Sikimora! Was das für ein Wort war, wo es herkam, wußte die Ambarowa selbst nicht zu sagen. Es war plötzlich dagewesen und ihr auf die Zunge gekommen.

Und wie es so ist, gefiel ausgerechnet der dümmste Name allen am besten.

„Sikimora! Sikimora!“ schrien Below und Bykodorow begeistert. „Bringt ihn auf den Schulhof! Wir setzen ihn in einen Käfig!“

„Von wegen Sikimora“, sagte der Vorschüler Serpokrylow unmutig. „Das ist ein Polarfuchs, er kommt vom Nordpol.“

„Halt die Klappe, du Rotznase!“ brüllten Below und Bykodorow. „Lern erst mal A und B schreiben.“

„Du irrst dich“, sagte auch Pawel Sergejewitsch zu Aljoscha. „Der Fuchs kommt natürlich nicht vom Nordpol. Er ist offenbar aus der Tierfarm, sieben Kilometer von hier, ausgerissen.“

„Ich irre mich überhaupt nicht. Vera kann's bestätigen. Sie hat ihn ja zuerst entdeckt.“

Und der Vorschüler Serpokrylow schaute Vera in die Augen.

Vera war bislang nicht in den Sinn gekommen, daß Tischka vom Nordpol hierher gelaufen sein könnte. Jetzt gefiel ihr dieser Gedanke, doch wie man es auch drehte, die Wahrheit konnte nicht auf den Kopf gestellt werden.

„Nein“, sagte Vera seufzend und schlug die Augen nieder. „Tischka ist nicht vom Nordpol, sondern aus der Tierfarm.“

Wie ein Stein von einem Berg in die Schlucht stürzt, so fiel Vera Merinowa in den Augen des Vorschülers Serpokrylow.

Aljoscha sagte kein Wort mehr. Er ging ein Stück zur Seite. Was hatte er, der Vorschüler, auch hier in der Schule zu suchen. Die Schule lag für ihn weit weg, hinter den sieben Bergen. Hier gaben die verflixten Schüler Below und Bykodorow den Ton an.

Von ihrem Geschrei begleitet, wurde Napoleon in den Schulhof getragen und in einen leeren Kaninchenstall gesteckt. So etwas Entwürdigendes war Napoleon noch nie widerfahren! Ihn, den Polarfuchs mit dem Namen eines Kaisers, den Stolz des Tierfarmdirektors Nekrassow, ihn, den platinfarbenen Polarfuchs Napoleon III., der zum Nordpol wollte, nannten sie Sikimora und steckten ihn in einen Kaninchenstall. Welch eine Schande! O Napoleon!

„Hier kann er bis morgen sitzen", sagte Pawel Sergejewitsch. „Morgen früh rufen wir in der Pelztierfarm an."

Pawel Sergejewitsch ging ins Lehrerzimmer. Below und Bykodorow wirbelten wie ein Karussell um Napoleon herum: Sie lachten, pfiffen auf den Fingern, schlugen mit ihren Schultaschen aufeinander ein, warfen die Lehrbücher in die Luft und tobten, was das Zeug hielt.

Napoleon verkroch sich in eine Ecke und schloß die Augen.

„Laßt ihn in Ruhe!" Serpokrylow redete den beiden zu. „Er ist müde."

Aber vermochte er dieses Karussell anzuhalten? Ein Karussell dreht sich, bis es von selbst stillsteht.

Wütend ballte Serpokrylow die Fäuste. Er wußte, daß er etwas unternehmen mußte, es wollte ihm bloß einfach nichts einfallen. Nebenbei bemerkt, Serpokrylow war ein kleiner Philosoph.

„Na schön", sagte er, „ich gehe dann eben erst mal Mittag essen."

In jedem anständigen Haus gibt es Mäuse

Nach dem Mittagessen hielt sich Serpokrylow im allgemeinen nicht zu Hause auf, sondern unternahm seinen Erkundungsgang durch das Dorf. Auch an diesem Tag beschloß er, seiner Gewohnheit nicht untreu zu werden. Er aß den von Schlosser Serpokrylow höchstselbst gebackenen Quarkfladen nicht auf, sondern versuchte ihn in die Tasche zu stecken. Der Fladen, der aussah wie eine mittelgroße braune Schüssel, paßte aber nicht hinein.

„Wo hast du denn den Fladen hingesteckt?" fragte der angesehene Schlosser Serpokrylow, Aljoschas Papa.

Der Schlosser Serpokrylow war wirklich ein allseits geachteter Mann im Dorf. Er wurde wegen seiner guten Arbeit geschätzt. Sämtliche Traktoristen ließen ihn bei festlichen Gelegenheiten hochleben. Geachtet wurde er ebenfalls von Zimmermann Merinow, dem er das Stemmeisen schliff, ebenso von Onkel Fedja, dem Vorsitzenden des Dorfsowjets. Auch der alte Karassjow achtete ihn. Er sagte, daß der Schlosser einen Schein von der Farbe verwelkter Vergißmeinnicht um sich habe.

Der Schlosser war mit seinem Sohn allein, denn die Mama war in die Stadt Gomel gefahren. Obwohl sie nun sich selbst überlassen waren, ging das Mittagessen im Haus der Serpokrylows stets seinen geregelten Gang. Vor dem Essen wusch sich der Vater gründlich, stöhnte am Waschbecken, während Aljoscha Brot schnitt und den Tisch deckte. Der Schlosser zog sich um, setzte sich zu Tisch, und genau in diesem Augenblick holte Aljoscha den Topf mit Grütze aus der Ofenröhre und stellte ihn auf den Tisch. Sie aßen schweigend. Aljoscha hatte vollauf damit zu tun, dem Vater nachzulegen.

„Wo hast du den Fladen hingesteckt?" fragte der Schlosser und legte das Besteck beiseite.

„Wo er hingehört", antwortete Aljoscha, ohne die geringste Verlegenheit unter dem Blick seines Vaters.

„Aljoscha", sagte der Vater und schlug mit der Faust auf den Tisch, „du weißt, was ich mit solchen wie dir mache?"

„Ich weiß", antwortete Aljoscha gelassen. „Du walkst sie durch."

„Na also!“ sagte der Vater streng. „Der halbe Fladen gehört mir.“

Aljoscha wollte keinen Streit. Er zog den Fladen unter der Jacke hervor und brach ihn entzwei.

„Papa, haben wir keine Mäuse?“ fragte er unvermittelt.

„Wieso sollten wir keine haben?“ Der Schlosser war erstaunt. „Wo sollten sie geblieben sein? In jedem anständigen Haus gibt's Mäuse. Wo keine Mäuse sind, steht es schlecht. Brauchst du denn viel?“

„Etwa zwanzig. Ich will Filka damit füttern.“

„Hol die Mausefalle vom Boden und stell sie hinterm Ofen auf“, antwortete der Schlosser nur, ohne sich zu erkundigen, wer dieser Filka sei, der da Mäuse brauchte. Der Schlosser wußte, daß sein Sohn nicht umsonst Mäuse fangen würde; wenn er es aber tat, so hatte Filka welche verdient.

Aljoscha holte drei Mausefallen vom Boden, legte Speck hinein und stellte sie hinterm Ofen auf.

„Fang bloß nicht alle weg“, bat der Schlosser. „Laß ein paar für die Vermehrung.“

„Ich fange zwanzig, die anderen rühre ich nicht an.“

Aljoscha setzte seine Offiziersmütze auf und verließ das Haus. Nach dem Mittagessen machte er gewöhnlich eine Runde durchs Dorf. Von dieser Gewohnheit ließ er nie ab.

Der Schlosser Serpokrylow saß noch lange in Gedanken versunken am Tisch, dann stand er auf, wusch das Geschirr ab und goß den welk gewordenen transkaukasischen Zitronenbaum auf dem Fensterbrett.

Öl ins Feuer gießen

Vera lief nach Hause und kam mit zwei Hammelknochen für Napoleon zurück. Es waren große Knochen. Sie hatten eine gewisse Ähnlichkeit mit türkischen Trommelschlegeln.

Es waren gute Markknochen, aber Napoleon würdigte sie keines Blickes.

Der kleine Polarfuchs Napleon III. war müde geworden. Gar zu viel hatte er heute erlebt. Sein Hals war von der Leine wundgescheuert und schmerzte nun, das kostbare Fell sah fahl und glanzlos aus, Schmutz von den Motorrädern klebte in dem prächtigen Pelz, Spreu und Sand aus dem Dachsbau hafteten an ihm. Napoleon hatte sein majestätisches Aussehen eingebüßt. Er sah welk aus – wie der transkaukasische Zitronenbaum auf dem Fensterbrett des Schlossers Serpokrylow.

„Friß, Tischka, friß!“ redete Vera dem kleinen Fuchs zu und hielt ihm die Knochen hin.

Kolja Kalinin kam angelaufen, brachte von zu Hause irgendwas Gedörrtes mit, einen Barsch wohl, und warf ihn in den Käfig.

„Laßt ihn in Ruhe!“ ließ sich von jenseits des Schulzaunes eine Stimme vernehmen. „Seht ihr denn nicht, daß er müde ist?“

„Na und!“ rief Kolja und äffte dabei Below und Bykodorow nach, doch nicht besonders gekonnt. „Dich hat keiner gefragt. Scher dich in deinen Kindergarten.“

Vera schaute nur von der Seite auf die Offiziersmütze und schwieg. Sie wußte, daß der Stein längst von hoch oben in den Abgrund gestürzt war.

„Bei euch wird er krepieren.“

„Was schimpfst du immerzu, Serpokrylitsch“, sagte Vera

sanft. „Hilf uns lieber, Tischka zu füttern."
„Er ist müde. Jetzt wird er gar nichts fressen, und morgen bringe ich ihm Mäuse."
„Fressen denn Polarfüchse Mäuse?"
„Du hältst ihn wohl für eine Katze?" Kolja Kalinin lachte dumm.
„Da sieht man's mal – keinen Funken Ahnung habt ihr! Rotfüchse und Polarfüchse fressen Mäuse. Sie machen Jagd auf sie."
Serpokrylow war jetzt ein bißchen barscher. Geringschätzig sah er Vera Merinowa an. Und ihr einschmeichelndes „Serpokrylitsch" glitt an seinen Ohren vorbei wie eine Schwalbe an einer Birke.
„Ich fange ihm Mäuse", fuhr Aljoscha fort. „Und morgen bringen sie deinen Filka in die Tierfarm zurück. Findest du das vielleicht gerecht? Er ist doch von selbst zu euch auf den Hof gekommen. Also gehört er euch."
„Er gehört dem Staat", antwortete Vera.
„Ach was! Er ist von selbst zu euch gelaufen. Also gehört er jetzt euch."
Aljoschas Worte trafen den Kern der Sache, denn das war doch wirklich nicht einzusehen: Sie hatten den Polarfuchs gerettet, hatten ihn Onkel Mischa abgejagt, und jetzt sollten sie ihn hergeben? Vera grübelte, Aljoscha aber grinste und streute erneut Salz in die Wunde: „Wollen wir ihn nicht lieber selbst großziehen? Wir fangen Mäuse, füttern ihn und ziehen ihn auf. Unterbringen können wir ihn bei Merinows Palme oder bei mir."
„Bei mir geht's auch", warf Kolja ein.
„Dann wechseln wir uns doch am besten ab", sagte Aljoscha erfreut. „Heute bei Vera, morgen bei mir, danach bei Kolja."

„Nein“, sagte Vera. „Bei uns hat er es am ruhigsten.“

„Soll er bleiben, wo es ihm gefällt! Hauptsache, er muß nicht in die Tierfarm zurück!“

Das entfachte Feuer begann in Vera Merinowa zu lodern, auch in Kolja leuchtete es auf. Vera sah Aljoscha so ernst an, wie sie es noch nie getan hatte.

„Wir geben ihn nicht her“, verkündete sie plötzlich entschlossen. „Du bist ein Prachtkerl, Serpokrylitsch.“

Dieses Mal segelte die Schwalbe über der Birke hin und her und schoß von dort geradewegs auf ihr Ziel hinab. Aljoscha fing sie, lächelte und goß noch ein wenig Öl ins Feuer.

„Und was soll er auch in der Tierfarm!“ versetzte er. „Dort sperren sie ihn in einen Käfig, und dann machen sie einen Pelzkragen aus ihm!“

Die dritte Nacht

Rasch und unverhofft dunkelte der Himmel über der Fichte von Kowylkino. Nach einer halben Stunde war ihre hoch aufragende Spitze in Finsternis gehüllt. Fort war die Fichte, verschwunden im nächtlichen Dunkel. Hatte sie sich vielleicht zu der wunderschönen Palme auf den Weg gemacht?

Nacht! Die dritte Nacht, die Napoleon III. in Freiheit verbrachte!

Mit einer dunklen Woge hatte sie alles hinweggespült: die Fichte, die buckligen Häuser von Kowylkino, die zahllosen Zäune und den fernen Ziegelpilz, der über den schwarzen Wäldern die Tierfarm anzeigte. Sie hatte die Augen mit einem Schleier bedeckt – es schien, als sei die Erde leer, als sei alles verschwunden, in einen Brunnen getaucht, solch einen großen, daß darin nicht nur das Dorf Kowylkino, sondern die ganze Erde nicht größer als ein Sandkorn wirkte. In jenen Brunnen, der ewig über uns ist, auf dessen Grund der Himmelsjäger Orion mit seinem silbernen Gürtel spielt.

Aber nein, alles war an seinem Platz. In den Häusern flammten Lichter auf und kämpften flimmernd gegen die Nacht an: Und da sah man das Dorf Kowylkino fest auf der Erde stehen. Auch die Fichte neben der Silogrube war noch da. Um die Palmen des Südens, mochten sie auch noch so schön sein, scherte sie sich nicht.

„Na gut", sagte der Zimmermann Merinow. „Ich gehe also mal in den Laden rüber und kaufe mir Tabak!"

Mutter Merinowa sagte nichts dazu, machte aber ein so böses Gesicht, daß der Zimmermann aufstöhnte, sich an die Nase faßte und bedächtig murmelte: „Aber eigentlich müßte noch ein bißchen Tabak in der Dose sein."

Ob er wohl noch lebt? grübelte in diesem Augenblick die Praskowjuschka, während sie sich schlafen legte. Wenn ihn nun die Hunde totgebissen haben?

Schwermut ergriff die Praskowjuschka, als sie an Napoleon dachte, sie bemitleidete ihn und sich selbst auch. Nur mit Direktor Nekrassow hatte sie kein Mitleid.

Einen Pelzkragen! dachte Vera erregt, als sie am Einschlafen war. Ob sie wirklich einen Pelzkragen aus ihm machen? Ganz bestimmt! Wir müssen Tischka retten!

Vera wollte aufspringen und sofort loslaufen, um den Polarfuchs zu retten, doch der Schlaf hatte sich bereits auf sie gesenkt, warm und weich, wie das Fell des kleinen Fuchses.

Den ganzen Tag über hatte Napoleon mit dem Gesicht zur Erde gelegen, nachts aber stand er auf, leckte an den Hammelknochen und fraß den Barsch auf. Öde lag der

Schulhof da. Die Fenster des Schulhauses blitzten wie schwarzes Eis, und die Milchstraße spiegelte sich in ihnen.

Im Kaninchenstall roch es fremd und unangenehm nach molschem Stroh, nach feuchtem, verfaultem Holz und nach einem anderen Tier, vor dem er sich womöglich fürchten mußte. Wenn sich dieses Tier nun irgendwo in der Nähe versteckt hielt, plötzlich die Tür aufriß und ihm an die Kehle sprang?

Napoleon duckte sich sprungbereit, sein Fell sträubte sich, und er stürzte auf die Tür aus dichtem Maschendraht los. Das Drahtnetz knarrte rostig. Der kleine Fuchs raste im Käfig hin und her, kratzte an den Wänden, warf sich gegen das Drahtgitter. In dieser Nacht verlor er plötzlich den Kopf. In der Tierfarm war das nie passiert.

Tiefe Nacht lag über Kowylkino. Die elektrischen Lichter waren erloschen. Das Dorf sank in Schlaf. Auch die Hunde schliefen. Es wurde still. Und in dieser Stille knackte es plötzlich laut: einmal, noch einmal und noch ein drittes Mal. Es waren die Mausefallen des Vorschülers Serpokrylow.

Früher Morgen im Dorf Kowylkino

Gegen sechs Uhr morgens erwachte die Hausmeisterin Ambarowa. Die Tür klappte, und sie trat auf die Treppe vorm Schulgebäude. Sie gähnte lange, jammerte über ihre schmerzenden Knie, über die Schüler, diese Rasselbande, schimpfte auf die Sonne, weil sie überhaupt nicht aufgehen wollte, und auf das Morgengrauen, weil es sich immer noch nicht sehen ließ. Nachdem sie ihre Träume durch Gähnen verscheucht hatte, ging sie zum Holzstapel Brennholz holen und schaute unterwegs in den Kaninchenstall.

„Schläfst du nicht mehr, Sikimora? Schlaf nur, schlaf! Bald kommen Below und Bykodorow. Die werden dir dein ganzes Fell zerrupfen."

Die Hausmeisterin trug Holz herbei und heizte die Öfen in der Schule. Als aus den Schornsteinen graublauer Rauch aufstieg, zeichnete er sich dunkel am Himmel ab. Also dämmerte es bereits.

Zugleich mit der Ambarowa wurden im Dorf alle Hausfrauen wach, Mutter Merinowa ebenso wie die Nachbarin Nefjodowa, kurzum alle, die morgens den Ofen heizen, die Töpfe mit Kartoffeln, Borstsch oder Grütze auf den Herd stellen mußten. Auch der Schlosser Serpokrylow erwachte.

In allen Häusern wurde Feuer in den Öfen gemacht. Das Holz prasselte. Von diesem Prasseln wurde es wohliger im Bett, die Augen verklebten sich noch mehr, so daß man nicht aufstehen mochte. Aljoscha Serpokrylow schlief wunderbar bei diesem morgendlichen anheimelnden Prasseln.

Eine Stunde war vergangen. In den Öfen loderte es heller. Sie erwärmten den grauen Himmel über Kowylkino. Rosafarbene Muster, die wie Kleeblüten aussahen, zeichneten sich auf dem Himmel ab. Die morgendliche Frühstücksgrütze war fertig. Die Samoware summten angenehm, und die Hausfrauen weckten ihre Männer, die Mütter ihre Kinder. Nur dem Schlosser tat sein Sohn leid, und er setzte sich allein an den Tisch, um Tee zu trinken.

„Papa", sagte Aljoscha im Halbschlaf, „sind Mäuse in der Falle?"

„Ja."

„Wieviel?"

„Ganz viele! Schlaf noch!“

Der Schlosser trank Tee und ging dann in die Werkstatt. Aljoscha träumte von Mäusen. Anfangs träumte er von einer Maus, dann von einer zweiten, einer dritten. Sonderbar, im Traum kamen sie ihm nicht widerwärtig vor. Es waren warme Hausmäuse, die nach Filzstiefeln rochen.

Bald wimmelte es in seinem Traum von Mäusen, und als ihre Zahl eine Million überschritt, wurde er schließlich wach.

Es war noch früh am Morgen, doch die Erwachsenen waren bereits zur Arbeit gegangen. Die Schulkinder schlangen die letzten Quarkspitzen hinunter und steckten die Lehrbücher in die Schultaschen.

Ich hab verschlafen! dachte Aljoscha entsetzt, sprang aus dem Bett und ließ sich nicht einmal Zeit zum Waschen. Er zog die Mäuse aus den Fallen, schnappte seine Offiziersmütze und sauste zur Schule. Er mußte den Polarfuchs füttern, bevor der Unterricht begann und solange es in der Schule noch leer war.

Aljoscha flitzte die Dorfstraße entlang, sprang über die zugefrorenen Pfützen hinweg. Über seinem Kopf zogen schwere blaue Herbstwolken am rosafarbenen Winterhimmel dahin.

Gleich darauf stand Aljoscha vor dem Kaninchenstall und fütterte Napoleon. Und gerade als Napoleon die dritte Maus aufgefressen hatte, erwachte Schuldirektor Gubernatorow.

Die morgendlichen Ansichten des Schuldirektors Gubernatorow

Nach dem Erwachen wollte sich der Direktor erst mal rasieren.

In ein geschliffenes Glas ließ er aus dem Samowar heißes Wasser laufen, schwang den Rasierpinsel aus Dachshaar und bedeckte flugs sein Gesicht mit Seifenschaum.

Von den aufregenden Träumen brannten die Wangen des Direktors Gubernatorow wie Feuer, und der weiße Schaum auf den Backen taute wie Eis.

Der Direktor nahm das äußerst gefährliche Rasiermesser zur Hand, stellte sich den Spiegel zurecht und blickte so streng hinein, daß, wenn es sich nicht um einen Spiegel, sondern zum Beispiel um Below und Bykodorow aus der vierten Klasse gehandelt hätte, sie erschauert wären und feierlich gelobt hätten, niemals mehr auf den Korridoren herumzutoben.

Mit drei Strichen schabte der Direktor den Schaum von den Wangen, goß sich ein bißchen Kölnischwasser in die Hand, rieb das Gesicht gründlich damit ein und sagte: „Wo bleibt das Frühstück?"

Nur eine halbe Sekunde – schon stand eine Pfanne vor ihm. Darauf brutzelten fünf Spiegeleier mit Speck, flüsterten miteinander und glupschten den Direktor mit schüchternen orangefarbenen Augen an.

Der Schuldirektor hob die Gabel und schaute die Spiegeleier so durchdringend an, daß, wären es nicht Spiegeleier, sondern Below und Bykodorow gewesen, sie sich mächtig zusammengerissen hätten und womöglich richtige Musterschüler geworden wären.

Bald schlossen die Spiegeleier ihre Glupschaugen. Der

Direktor runzelte die Brauen, nahm die Aktentasche mit den zwei goldenen Schlössern und begab sich in die Schule.

Das Rasieren und die Spiegeleier hatten den Direktor wunderbar belebt. Auf der Straße wurde er durch die morgendliche Frostluft vollends munter. Ein schöner Tag lag vor ihm, es war ein besonderer Tag, der letzte in diesem Vierteljahr. Heute würde man in der Schule die Ergebnisse zu sehen bekommen, heute würde sich herausstellen, wer ein sehr guter und wer ein guter Schüler war. Manch einer würde lachen, manch einer aber weinen. Morgen aber würden alle fröhlich sein, denn morgen war Feiertag.

Der Direktor war bester Laune. Er beschloß, sich heute Below und Bykodorow mal ordentlich vorzuknöpfen.

Am Dorfsowjet schritt der Direktor schneller aus, da er von weitem Lärm hörte, der ihn verwunderte und aufhorchen ließ.

Der Lärm wurde stärker, und jetzt unterschied der Direktor deutlich die Stimmen von Below und Bykodorow, die vereint schrien: „Sikimora! Sikimora!"

Auf dem Schulhof ging es wie auf dem Jahrmarkt zu. Etwa hundert Personen standen dort versammelt, und sie alle schrien, lärmten, stritten. Blaue und gelbe Schultaschen, Mützen, Bücher, Fausthandschuhe flogen durch die Luft. Hier und dort leuchteten rote Halstücher. Wangen und Augen glühten.

Niemand bemerkte den Direktor, doch das verdroß ihn keinen Augenblick lang. Mitten in diesem Jahrmarktsgewühl stellte er sich in Positur, hüstelte, blickte nach rechts, blickte nach links und sagte: „Soso!"

Und schlagartig wurde es ruhig, die Gesichter erblaßten, die Mützen flogen nicht mehr, und die Schultaschen schnappten ganz von selbst zu. In geordneten Reihen strömten die

Schüler zur Schultür. Below und Bykodorow wollten sich an der Vortreppe aufhalten, doch als die Brille des Direktors sie anfunkelte, lag es ihnen schwer auf der Seele, daß sie ihre Mathematikhefte zu Hause vergessen hatten.

Der Schulhof leerte sich. Nur am Kaninchenstall blieben drei zurück. Es waren Vera, Kolja Kalinin und der Vorschüler Serpokrylow, den der Direktor überhaupt nicht beachtete.

„Ihr braucht wohl eine Extraeinladung?"

Vera und Kolja senkten schüchtern den Blick und gaben dem Direktor den Weg zum Kaninchenstall frei.

Der Direktor blickte so streng in den Käfig, daß, wenn zufällig Below und Bykodorow darin gesessen hätten, sie ganz einfach zu Asche zerfallen wären. Doch es kam anders. Als Direktor Gubernatorow in den Käfig schaute, fuhr er zusammen. Durch das Gitter starrte ihn böse Napoleon III. an.

Vera Merinowas Charakter

„Was ist denn das?" Der Direktor staunte. Er zog seine Brauen bis zum Haaransatz hoch. „Ich will wissen, was das ist!"

Vera und Kolja schwiegen verdattert.

Da mischte sich Serpokrylow ein und antwortete einfach: „Ein Polarfuchs ist das."

Der Direktor richtete den Blick auf den Vorschüler, als wollte er ihn fragen: Und wer bist du überhaupt? Serpokrylow stand ungerührt. Kolja Kalinin aber erschauerte. Ihm fiel ein, daß in seinem Aufgabenheft noch immer die Unterschrift der Eltern fehlte. Kolja zuckte die Achseln, und mit einemmal war er leicht und unversehens wie ein Schmetterling verschwunden.

Der Direktor hob die Augenbrauen zum Himmel und sagte: „Ein Polarfuchs? Und wie kommt der hierher?"

Vera wollte gerade den Mund auftun, da mischte sich wieder Serpokrylow ein: „Er ist zugelaufen."

„Und woher ist er zugelaufen?" Der Direktor wandte sich nun gleich an Serpokrylow, weil er annahm, daß Vera einstweilen sprachlos bleiben würde.

Doch jetzt blieb unerwartet auch Serpokrylow stumm. Über Napoleons Herkunft hatte er seine eigene Meinung, die er niemandem mehr aufdrängen wollte.

Serpokrylow also schwieg, und die Augenbrauen des Direktors über ihm waren wie die schwarzen Flügel einer Krähe über der Schlucht von Kowylkino.

Wenn ein Stein von einem Berg herabfällt, gelangt er nie mehr hinauf, es sei denn, es findet sich ein Mensch, der ihn zurückschleppt. Und ganz unerwartet fand sich so ein Mensch. Er lud sich den Stein auf die Schultern und schleppte ihn auf den Gipfel zurück.

„Woher er gekommen ist? Vom Nordpol ist er hergelaufen", sagte Vera.

Als die „Krähe" das vernahm, legte sie verwundert die Flügel an und setzte sich dem Direktor genau auf die Nasenwurzel.

Der Direktor stand grübelnd und in Gedanken vertieft. Er überschlug anscheinend die Entfernung vom Nordpol bis zum Dorf Kowylkino. Auf seiner Stirn zeichneten sich Parallelen und Meridiane ab.

„Guten Morgen!" rief Pawel Sergejewitsch, der gerade auf den Schulhof geeilt kam. „Haben Sie schon gesehen, was wir gefangen haben? Das ist ein blauer Polarfuchs!"

„Ein blauer Polarfuchs?“ wiederholte der Schuldirektor und schüttelte zweifelnd den Kopf. Nein, in seinem Kopf wollte sich ein Polarfuchs nicht mit der Schule in Zusammenhang bringen lassen. Ein Polarfuchs und eine Schule – nein, das paßte einfach nicht zusammen. Doch andererseits war hier die Schule, da das Schulgelände und in dem Käfig so ein (nennen wir ihn ruhig so!) „Sikimora“.

„Wo ist er denn her?“

„Er ist von der Pelztierfarm ausgerissen“, antwortete Pawel Sergejewitsch. „Nicht weit, sieben Kilometer von hier befindet sich eine Tierfarm.“

„Ach so ist das!“

„Von wegen!“ versetzte Vera. „Er ist überhaupt nicht von der Tierfarm. Er ist vom Nordpol gekommen.“

„Vera!“ sagte Pawel Sergejewitsch verwundert. „Was fällt dir ein!“

„Er ist vom Nordpol gekommen“, wiederholte Vera klipp und klar. „Serpokrylitsch hat recht.“

„Merinowa, geh in die Klasse!“ kommandierte der Direktor kurz, nachdem er schließlich den Polarfuchs und die Schule auf einen Nenner gebracht hatte.

Die Hausmeisterin Ambarowa erschien auf der Vortreppe.

„Die Klingel ist kaputt!“ rief sie und holte unauffällig eine kleine Glocke hervor. Es war eine hübsche Glocke, ein Meisterstück aus dem Waldaigebiet. Auf dem Rand waren folgende Worte eingeprägt: Kaufe – sei nicht knausrig, reise – und vergnüg dich!

Die Hausmeisterin schwenkte die Glocke hin und her. Unter ihrem fröhlichen silberhellen Gebimmel jagten die Schulstunden los wie wild davonpreschende Pferde.

Drei Telegramme

In der Schule ging es heiß her an diesem letzten Schultag des Quartals. In den Schülertagebüchern flammten die Quartalsnoten auf, über allem aber leuchtete der morgige Feiertag.

Es war ein ereignisreicher Tag, man konnte eine Vier zur Drei, eine Zwei zur Eins verbessern, man konnte ein guter oder gar ein sehr guter Schüler werden.

Direktor Gubernatorow saß im Lehrerzimmer und zog gewissermaßen Bilanz. Leider fiel sie nicht sonderlich erfreulich aus, denn es hatte gar zu viele Dreien gehagelt. Dreien betrübten den Direktor, er wollte möglichst viel ausgezeichnete Schüler in seiner Schule haben.

Und dazu auch noch dieser Polarfuchs, dachte der Direktor gereizt. Er kann unmöglich in der Schule bleiben. Während der freien Tage verhungert er. Ich muß in der Pelztierfarm anrufen. Doch in der Schule gab es kein Telefon. Sich von den schulischen Angelegenheiten loszureißen brachte Gubernatorow nicht über sich, wie ein guter Kutscher nicht seine Pferde im Stich lassen kann.

Ich gebe ein Telegramm auf, beschloß er.

Gleich in der ersten Pause notierte er mit Rotstift auf einem Blatt Papier ein paar Worte, und die Hausmeisterin Ambarowa rannte damit zum Dorfsowjet.

Onkel Fedja, der Dorfsowjetvorsitzende, telefonierte gerade mit der Kreisstadt.

„Tausend Eier haben wir schon zusammen!“ schrie er. „Tausend Stück!“

Aus dem Telefonhörer drang schreckliches Zischeln und Knattern, als würde in der Fernsprechleitung ein Ofen mit noch feuchtem Holz geheizt oder mit einer Pistole herumgeballert.

„Eier?“ schrie Onkel Fedja. „Mehr Eier können wir auf keinen Fall liefern. Höchstens Butter.“

Doch in der Kreisstadt konnten sie ihn lange nicht verstehen, und die Ambarowa saß bescheiden auf der Bank und wartete, bis sie an die Reihe kam. Aus Langeweile betrachtete sie ein Plakat, das in Aquarellfarben eine große Fliege mit smaragdgrünen Augen zeigte. Darunter stand ein Vers:

Da die Fliegen Krankheiten übertragen,
muß man sie immer gleich erschlagen.

Eine lebendige Fliege kroch langsam über diese Zeilen.

„Na, was hast du denn auf dem Herzen?“ fragte Onkel Fedja endlich und wischte sich den Schweiß von der Stirn, als wollte er die Gedanken an die Eierlieferung verscheuchen. Die Hausmeisterin reichte ihm den Zettel, Onkel Fedja faltete ihn auseinander und las betulich: „Ein Tier unbekannter Rasse gefangen ... Was für eines denn?“

„Weiß der Kuckuck!“ Die Hausmeisterin hatte den Mund auf dem rechten Fleck. „Ehrenwort, eine richtige Sikimora!“

„Und wo ist es?“

„Na, im Käfig.“

„Ein kleines Tier?“

„Ein ganz schön großes. Und mit so einem Schwanz!“ Die Hausmeisterin breitete die Arme so weit aus, daß sie damit den Schreibtisch samt dem Vorsitzenden dahinter umfaßte. „Ruf schon an, ich muß zurück!“

Onkel Fedja nahm den Hörer ab, und sogleich war der Raum von Knattern erfüllt. In dieses Knattern hinein schmetterte der Vorsitzende unverdrossen den Wortlaut des Telegramms:

+++ ein tier unbekannter rasse gefangen + ähnelt einem polarfuchs + befindet sich in mittelschule von kowylkino + direktor gubernatorow +++

Onkel Fedja bekam lange keine Verbindung mit der Pelztierfarm: Mal meldete sich die Molkerei, mal die Reparaturwerkstatt. Dann endlich nahm jemand das Telegramm an, übermittelte es weiter, und bald dröhnte im Äther von Kowylkino die Antwort von der Pelztierfarm:

+++ polarfuchs von außerordentlicher bedeutung verschwunden + finderlohn + zwanzig rubel + polarfuchs behüten + komme sofort + direktor nekrassow +++

Die Hausmeisterin nahm das Telegramm, eilte zurück in die Schule und kam gerade noch recht, um mit der Waldaiglocke zu bimmeln.

„Ein Polarfuchs von außerordentlicher Bedeutung!" Direktor Gubernatorow war baff.

Er griff zum Rotstift. Und wieder sauste die Hausmeisterin Ambarowa zum Dorfsowjet, und wieder ging ein Telegramm vom Apparat des Dorfsowjets los.

+++ polarfuchs in sicheren händen + direktor gubernatorow +++

Was tun?

Schon in der ersten Unterrichtsstunde verbreiteten sich absonderliche Gerüchte in der Mittelschule von Kowylkino: Vera Merinowa habe einen Polarfuchs vom Nordpol geschickt bekommen, und der sei dressiert. Wenn man ihn an die Leine nehme, bringe er einen wie ein Spürhund zum

Nordpol. In der vierten Klasse fand sich eine Gruppe von Polarforschern zusammen, die dem Polarfuchs zum Nordpol folgen wollte, wenigstens aber bis zur Halbinsel Truthahnnase. Nur durften ihre Eltern von der Sache keinen Wind bekommen. Below und Bykodorow stellten auf einem Löschblatt ein Verzeichnis der Marschverpflegung auf.

„Büchsenfleisch als erstes", sagte Below. „Und als zweites Büchsenmilch", fügte Bykodorow hinzu.

Die größte Bewunderung in der gesamten Schule aber gehörte Vera Merinowa und Kolja Kalinin. Diese unbedeutenden Schüler aus der zweiten Klasse waren nun Helden, überall wurden sie mit Handschlag begrüßt, sogar von den Anführern der fünften Klasse.

Kolja Kalinin stieg der Ruhm zu Kopf. Er sah nichts mehr, weder die Tafel noch den Lehrer. Seine Ohren glühten.

Gleich in der ersten Pause strömten alle Schüler hinaus, um sich den Polarfuchs anzusehen, doch da trat der Schuldirektor auf die Vortreppe und trieb mit einen einzigen Blick allesamt in die Klassenräume zurück. In der zweiten Pause drängten sich alle um Vera Merinowa und bestürmten sie mit Fragen. Vera und Kolja berichteten aufgeregt und unzusammenhängend, wie die Dinge lagen; doch es hatte sich ein gar zu großer Haufen am Ofen versammelt, alle schrien und lärmten durcheinander, und keiner konnte etwas verstehen. Die Schüler bekamen bloß Bruchstücke mit: Es ging um eine Schlucht, wo eine Schießerei stattgefunden habe, ein Mann mit einem grünen Koffer sei dabeigewesen; und merkwürdigerweise war der Vorschüler Serpokrylow in diese ganze Angelegenheit verwickelt.

Die spärlichen Auskünfte heizten die Phantasie immer mehr an, und die Gerüchte wurden noch wunderlicher und sonderbarer.

Schließlich hieß es, es habe sich um einen Polarforscher mit einem grünen Koffer gehandelt, und er habe einen Polarfuchs besessen. Der Polarforscher habe den Tod gefunden, den Polarfuchs aber habe Vera Merinowa bei sich aufgenommen. Die Frage war: Wo war die Truhe mit den Goldmünzen aus der Zarenzeit und den Briefmarken von der Orangeninsel geblieben?

In der dritten Stunde fand sich eine Gruppe von Schülern zusammen, die den grünen Koffer suchen wollten, doch da griffen die Lehrer entschlossen ein, riefen ein Dutzend Schatzsucher an die Tafel, und allmählich, während die Kreide auf der Tafel knirschte und die Buchseiten raschelten, gerieten der Polarfuchs und der Polarforscher, die Schießerei und der grüne Koffer in Vergessenheit. Der letzte Schultag in diesem Vierteljahr tat das Seinige.

Nur in der zweiten Klasse geriet der Polarfuchs keine Sekunde lang in Vergessenheit, obwohl es auch hier ein entscheidender Tag war und die Dreien wie Sonnenblumenkerne rieselten. Kolja Kalinin zum Beispiel handelte sich mehr Dreien ein, als er Krautpiroggen während der Feiertage würde essen können.

Die Schüler der zweiten Klasse waren aufgeregt. In der zweiten Stunde erreichte die Aufregung ihren Höhepunkt. Jemand hatte gesehen, daß die Hausmeisterin Ambarowa zum Dorfsowjet gerannt war, jemand hatte gehört, was der Direktor ihr aufgetragen hatte, und für alle stand fest, daß sie den Polarfuchs auf dem schnellsten Wege zur Pelztierfarm zurückbringen wollten.

Am Ende der zweiten Unterrichtsstunde ließ Vera einen Zettel durch die Klasse wandern, und dreiunddreißig Köpfe verschmolzen zu einem einzigen denkenden Kopf.

Was tun? überlegte dieser riesige Kopf. Sollen wir den

Polarfuchs der Pelztierfarm zurückgeben? Dort machen sie sowieso einen Pelzkragen aus ihm!

Es gibt nur eins! sagte sich Vera Merinowa schließlich. Wir müssen ihn so verstecken, daß sie ihn nicht finden.

Der Brei, der in der großen Pause eingerührt wurde

Das Waldaiglöckchen hatte geläutet, die Schulstunde war zu Ende. Nun wurden Stullen, Kringel oder Äpfel hervorgeholt. Die große Pause begann – das bedeutete zehn Minuten Zeit. In zehn Minuten ließ sich soviel Brei einrühren, wie man ihn nicht mal in zwanzig Minuten aufessen konnte.

„Es gibt nur eins!" rief Vera, sobald der Lehrer den Klassenraum verlassen hatte. „Wir müssen den Polarfuchs so verstecken, daß sie ihn nicht finden!"

Die Schüler der zweiten Klasse saßen wie erstarrt. Aber nicht lange, nur für eine Sekunde. Und in dieser Sekunde wurde ihnen klar, daß kein anderer Ausweg blieb.

„Aber wo verstecken?"

„Ich weiß ein Versteck", sagte Mischa Tschaschin, der Klassenbeste. „Aber macht die Tür zu, damit uns niemand hört."

Sie verbarrikadierten die Tür mit dem Lehrerstuhl, und die ganze Klasse drängte sich um Mischa.

„Ich weiß ein Versteck", flüsterte Mischa so, daß es alle hören konnten. „Dort findet ihn keiner. Schließlich sind wir dreiunddreißig Schüler – wir schaffen es, ihn großzuziehen. Hauptsache, es ist kein Verräter unter uns."

„Richtig!“ stimmten ihm die anderen Schüler zu. „Hauptsache, es gibt keinen Verräter unter uns.“

Alle blickten einander an und waren sich einig, daß sich unter ihnen kein Verräter befand.

„Na los! Sag endlich, wo das Versteck ist!“ Kolja Kalinin war ungeduldig und ein wenig verbittert, weil er nicht mehr im Vordergrund stand.

Mischa legte einen Finger auf den Mund und sah sich besorgt um, ob nicht doch ein Uneingeweihter zuhörte. Aber es war kein Fremder in der Klasse, abgesehen von dem berühmten Chemiker Mendelejew, der von dem Bild über der Wandtafel herabblickte.

Trotzdem wollte Mischa nicht einfach so herausposaunen, wo das Versteck für den Polarfuchs lag. Er riß eine Seite aus seinem Mathematikheft heraus und kritzelte rasch darauf: Im Badehaus des Zauberers Karassjow.

„Ein guter Platz“, pflichteten alle im Flüsterton bei. „Dort findet ihn keiner!“

„Wir müssen den Fuchs schleunigst aus der Schule wegbringen“, entschied Vera. „Sonst ist es zu spät.“

„Dann schwänze ich eben die nächsten Stunden“, schlug Sascha Samoljotow vor und stand somit unvermutet im Mittelpunkt.

„Du auf keinen Fall!“ sagte Vera und schob Samoljotow auf seinen Platz zurück. „Du verbessere lieber deine Vier in Russisch!“

„Oder ich?“ fragte Kolja Kalinin unsicher.

„Gar keiner braucht zu schwänzen!“ antwortete Vera und trat ans Fenster. „Ich weiß einen, der das besorgt.“

Vera klopfte an die Scheibe, und sogleich tauchte ein kugelrunder Kopf mit Offiziersmütze vor dem Fenster auf.

Die Fensterriegel klapperten, das Fenster wurde geöffnet,

und der Vorschüler Serpokrylow wurde an den Armen in den Klassenraum gezogen. Er klopfte den Schnee von seinen Filzstiefeln und lehnte sich an den Ofen.

„Serpokrylitsch“, flüsterte Vera, „du hattest recht. Wir müssen Tischka verstecken. Nimm die Leine, und gleich wenn die nächste Stunde anfängt, bringst du ihn ...“

„Stop!“ Mischa Tschaschin unterbrach sie vielsagend, zwinkerte ihr geheimnisvoll zu und reichte Serpokrylow den Zettel.

„Be“, Serpokrylow buchstabierte mühsam, drehte den Zettel hin und her und versuchte es wieder: „A... Ba...“

„Er kann doch noch nicht lesen!“ riefen die Schüler der zweiten Klasse begeistert. Aber Vera beugte sich zu Serpokrylow und raunte ihm eindringlich etwas zu.

„Wird gemacht.“ Der Vorschüler nickte zustimmend.

„Und den Zettel vernichtest du“, fügte Mischa hinzu.

Serpokrylow wollte den Zettel zerreißen, doch da läutete das Glöckchen. Es wurde an der Tür gerüttelt, und der Stuhl, den die Kinder unter die Türklinke geschoben hatten, wakkelte.

Serpokrylow schwenkte zum Abschied den Zettel. Dann ließ er ihn plötzlich im Mund verschwinden und zerkaute unter den glühenden Blicken von dreiunddreißig Augenpaaren mit beängstigendem Knirschen Mischa Tschaschins Werk.

„Gebt mir was zum Nachessen“, verlangte er und ging zum Fenster.

Jemand steckte ihm einen Apfel zu, Serpokrylow biß krachend eine Hälfte ab und kletterte aus dem Fenster. Als seine Füße schon auf dem Boden standen, drehte er sich noch einmal um, blickte Vera in die Augen und wiederholte: „Wird gemacht.“

Und das geschah denn auch. Der Vorschüler Serpokrylow erledigte alles, und zwar gerade noch zur rechten Zeit.

Die interessanten Ideen des Schuldirektors Gubernatorow

Direktor Gubernatorow war an diesem Tag keine ruhige Minute vergönnt. Mal kamen die Lehrer ins Direktorzimmer, mal lag ihm der Wirtschaftsleiter wegen irgendwelcher Schaufeln in den Ohren, mal mußte er in die fünfte Klasse eilen und dort für Ordnung sorgen.

Besonders viel zu schaffen machten ihm die schlechten Schüler. In der dritten Pause hielt er im Direktorzimmer eine regelrechte Versammlung mit ihnen ab.

Die schlechten Schüler mußten der Größe nach vor dem Bücherschrank Aufstellung nehmen, und der Direktor marschierte anfangs einfach vor ihnen auf und ab.

Da standen sie nun, mit Kreide beschmiert, traten verlegen von einem Bein aufs andere und sahen mehr wie Maler oder Stukkateure aus.

Angeführt wurde der ganze Haufen von den unrühmlich bekannten Schülern Below und Bykodorow, die man, nebenbei bemerkt, nicht einmal mehr als schlechte Schüler bezeichnen konnte. Es gab einfach kein Wort, das auf die beiden gepaßt hätte. Doch der Direktor fand eines: Nieten.

Diese beiden knöpfte er sich als erste vor.

„So, meine Lieben“, sagte er und packte mit der rechten Hand Below, mit der linken Bykodorow. „Wie lange wollt ihr unserer Schule noch Schande bereiten? Ihr denkt wohl, ich sehe mir das weiterhin mit an? Da irrt ihr euch aber! Ich werde ordentliche Menschen aus euch machen! Auf der Stelle werdet ihr mir versprechen, daß ihr künftig nur noch Zweien oder Dreien holt."

Die Nieten fühlten sich in die Enge getrieben und murmelten träge: „Wir versprechen Ihnen, daß wir nur noch Zweien oder Dreien holen."

Danach wandte sich der Direktor den übrigen schlechten Schülern zu. Er pflügte ihre Seelen buchstäblich um und um. Seine Worte sollten sie zur Vernunft bringen. Die Schüler reckten die Hälse wie Gänse, ihnen brannten die Ohren und standen die Haare zu Berge. Vor allem beeindruckte sie die Beschreibung, wie man früher mit solchen wie ihnen umgesprungen war. Manch einer heulte gleich laut los.

Als der Direktor mit seinem Donnerwetter fertig war, knöpfte er sich noch mal jeden einzeln vor, dann erst schickte er sie in ihre Klassen zurück.

Seine Gedanken nahmen nun eine andere Richtung und stießen auf die Prämie, die für das außergewöhnliche Tier zu erwarten war.

Wer soll sie bekommen, überlegte Gubernatorow. Etwa die Merinowa? Was will eine Schülerin der zweiten Klasse mit Geld? Außerdem ist Kalinin in die Sache verwickelt, ferner Pawel Sergejewitsch und sogar dieser Vorschüler. Wenn man aber die Prämie durch vier teilt, was bleibt dann? Fünf Rubel für jeden! Das lohnt sich ja gar nicht. Sollen Merinowa und Kalinin lieber eine Eins im Unterricht kriegen!

An dieser Stelle hielt der Direktor im Nachdenken inne. Ihm gefiel dieser Gedanke, er lächelte vor sich hin, wiederholte ihn laut und schnipste dabei mit den Fingern gegen den Globus.

„Sollen sie lieber eine Eins im Unterricht erhalten."

Quietschend drehte sich der Globus, die Ozeane und Kontinente sausten vorbei.

Der rotierende Globus ließ die Phantasie des Direktors in die Ferne schweifen. Mit seinem Blick brachte er den Globus zum Stehen und spann seinen Gedanken weiter.

Wenn wir die Prämie nun einer Stadt zur Verfügung stellen, die von einem Erdbeben heimgesucht worden ist? Das wäre doch eine glänzende Idee!

Direktor Gubernatorow geriet in Aufregung, schnipste wieder gegen den Globus und betrachtete die vorüberhuschenden Erdteile jetzt aufmerksam, als suchte er eine vom Erdbeben zerstörte Stadt.

Überhaupt hatte Direktor Gubernatorow etwas für interessante Ideen übrig. Und häufig kamen ihm selbst welche.

Na schön, sagte er sich. Wir behalten die Prämie und kaufen dafür ein Dutzend Globen, und Merinowa und Kalinin sprechen wir unseren Dank aus. Was für eine glänzende Idee! Bleibt nur der Vorschüler Serpokrylow. Aber das ist doch klar wie Kloßbrühe: Im nächsten Jahr, wenn er in die Schule kommt, setzen wir ihn in die erste Reihe – das stellt eine angemessene Belohnung dar. Jawohl! Jedenfalls muß gleich heute noch in der zweiten Klasse nach dem Unterricht eine Versammlung abgehalten und den Schülern Dank ausgesprochen werden. Wirklich eine prächtige Idee!

Direktor Gubernatorow schaute auf die Uhr. In drei Minuten mußte die letzte Stunde zu Ende sein, und sicherlich befand sich der Jeep der Pelztierfarm bereits auf dem Weg zur Schule. Direktor Gubernatorow wollte noch einen Blick auf das außergewöhnliche Tier werfen. Er trat auf die Vortreppe und murmelte dabei vor sich hin: „Eine glänzende und interessante Idee!“

Er überquerte das Schulgelände und blickte in den Kaninchenstall. Da schnellten – wie aufgescheuchte Saatkrähen, so rasch – seine Augenbrauen in die Höhe und verschwanden völlig von der Stirn: Die Stalltür stand offen, das außerordentlich wichtige Tier war weg, es war verschwunden.

In dem Augenblick ertönte das Waldaiglöckchen: Die letzte Stunde des ersten Quartals ist zu Ende, und morgen sind Ferien, alle haben frei und können sich vergnügen.

Die zweite Klasse blickt zu Mendelejew empor

Es klang wie Trommelwirbel und Maschinengewehrfeuer, als die Pultdeckel zugeknallt wurden. Die Schüler schnappten ihre Schultaschen, stopften die Lehrbücher hinein, und dann stürmten sie – wie Infanteristen zu einem Angriff – mit Geschrei ins Freie hinaus.

Die letzte Stunde des ersten Quartals war vorbei!

Nun hatten sie frei, die mittelmäßigen und die guten Schüler, die sehr guten Schüler und die Klassenbesten. Nun konnten sich alle vergnügen, auch die unerhörten Nieten.

Nur in der zweiten Klasse waren kein Geschrei und keine Fröhlichkeit zu hören. Hier herrschte eine Stille, die man nur als Totenstille bezeichnen konnte. Kerzengerade saßen die Schüler auf ihren Plätzen. Sie saßen so tadellos und vorbildlich da, daß selbst der mäkligste Mensch nicht hätte sagen können: „Schlechte Haltung!"

Vom Fenster her blickte Pawel Sergejewitsch auf sie. Er wiegte bekümmert seinen Kopf. Neben der Tafel stand

Direktor Gubernatorow, wie ein Riese vor Zwergen.

Der Direktor kam selten in die zweite Klasse, und allen war klar, daß er nicht von ungefähr erschienen war, daß eine unangenehme Unterhaltung bevorstand.

Wie ein Berg ragte der Direktor unter dem Porträt des Chemikers Mendelejew auf, und seine Schultern schienen eine Gewitterwolke zu tragen.

Die Stille wurde immer dichter, sie zog und preßte sich immer mehr zusammen, und schließlich hatte sie sich dermaßen verdichtet, daß man sie wie kondensierte Milch in Dosen hätte füllen können. Es war an der Zeit, die Stille zu unterbrechen, und der Direktor tat es.

„So", sagte er.

Dieses einfache Wort sprach er mit so viel Nachdruck, daß es sich in die Köpfe der Schüler bohrte, wie ein Nagel in ein Lindenbrett. In der zweiten Reihe begann ein Schüler leise, aber wahrnehmbar zu zittern.

„Ihr wißt also nicht, wo der Polarfuchs geblieben ist. Wer aber soll es dann wissen?"

Dem Direktor war es sonnenklar, daß die ganze Klasse Bescheid wußte. Er nahm nicht eine Sekunde lang an, daß irgendein anderer den Polarfuchs entführt haben könnte. Als er den leeren Käfig erblickt hatte, war ihm gleich die Unterhaltung mit Vera Merinowa eingefallen und klar gewesen, daß sie die Hand im Spiel hatte. Er wußte auch, daß die Kinder auf Vera hörten. Wahrscheinlich hatten sie sich von ihr beschwatzen lassen, den Polarfuchs zu verstecken. Direktor Gubernatorow war ein kluger Mann und durchschaute seine Schüler ganz und gar. Nur eines konnte er nicht begreifen: Wie hatten sie es fertiggebracht, den Polarfuchs zu verstecken, ohne dabei das Schulgebäude zu verlassen? Doch diese Frage gedachte er binnen kürzester Frist zu klären.

„Merinowa! Du weißt auch nicht, wo der Polarfuchs ist?"

Vera sprang von ihrem Platz hoch und starrte schweigend auf Mendelejews Bild.

„Warum schweigst du?"

Vera gab keine Antwort. In der Stille hörte man ihr Herz schlagen.

„Merinowa hat offensichtlich die Sprache verloren", versetzte der Direktor. Er nahm Vera genauer in Augenschein, wie ein Holzfäller, der bei einem Holzklotz die richtige Stelle finden will, um ihn zu zerhacken. Doch der Direktor beschloß, Vera noch in Frieden zu lassen und sich einen weicheren Holzklotz vorzunehmen.

„Kalinin!"

Kolja fuhr mit Gepolter von seinem Platz hoch. So hört es sich an, wenn in einem stillen Wald ein Birkhahn aus dem Gebüsch auffliegt.

„Was hast du dazu zu sagen?"

Kolja öffnete den Mund, schaute zum Fenster und stockte.

„Er hat ebenfalls die Sprache verloren", schlußfolgerte der Direktor. „Was gibt's denn da zu sehen? Hast wohl einen Sperling entdeckt?"

„Warum schneidet er solche Fratzen?" sagte Kolja plötzlich weinerlich.

Direktor Gubernatorow warf einen Blick zum Fenster und sah draußen den Vorschüler Serpokrylow herumstreichen, der tatsächlich Fratzen zur Klasse hin schnitt. Da blickte der Direktor den Vorschüler an, daß die Fratze sich augenblicklich in ein liebes, sympathisches Gesicht verwandelte und schnell aus dem Blickfeld verschwand.

„Nun, Kalinin, wo steckt der Polarfuchs?"

Kolja schwieg und betrachtete interessiert das Porträt

Mendelejews. Der prächtige Bart des berühmten Chemikers hatte ihn regelrecht gebannt.

„So", sagte der Direktor. „Also weiter! Tschaschin!"

Mischa Tschaschin stand langsam auf, wollte dem Direktor in die Augen sehen, aber es gelang ihm nicht. Auch sein Blick wurde von Mendelejew wie von einem Magneten angezogen.

Nach drei Minuten stand bereits die ganze Klasse und starrte zu dem Bildnis des großen Wissenschaftlers empor. Sogar der Vorschüler Serpokrylow, der wieder am Fenster aufgetaucht war, guckte sich Mendelejew an.

Wieder lastete so eine unangenehme Stille über der Klasse: eine Totenstille, die sich sogar in Grabesstille verwandelte. In dieser Stille drohte das Gesicht des Direktors finster wie eine Gewitterwolke.

Die Kinder standen in Nachdenken versunken, und Pawel Sergejewitsch schaute sie bekümmert an. Nur der berühmte Chemiker Dmitri Iwanowitsch Mendelejew lächelte gütig, sein riesiger Bart hing direkt über dem Kopf des Direktors.

„Pawel Sergejewitsch", versetzte der Direktor plötzlich, „holen Sie bitte den Vorschüler Serpokrylow herein."

Ein leises Raunen ging durch die Klasse, und Direktor Gubernatorow begriff, daß er ins Schwarze getroffen hatte. Gubernatorow war ein kluger Mann, er konnte gut kombinieren.

Ja, Gubernatorow war ein kluger Direktor!

Wie ein erfahrener Kapitän, der sein Schiff um alle Riffe herumführt, lenkt er seine Schule, und er sieht ohne jedes Fernrohr, was sich in den Seelen und Herzen der mittelmäßigen, guten und ausgezeichneten Schüler abspielt. Wie der Zimmermann Merinow in einem Glas Limonade bis auf den Grund sehen kann, wie Mutter Merinowa den Zimmermann Merinow durchschaut, genauso durchschaut der Schuldirektor Merinows Tochter und auch alle anderen Schüler, ja sogar den Vorschüler Serpokrylow, der in diesem Augenblick in die Klasse geführt wird. Wie schrecklich ist es für einen Schüler, der eine Fensterscheibe zerschmissen hat, das Zimmer des Direktors zu betreten! Wie schrecklich ist es für einen Faulpelz, der absichtlich sein Mathematikheft zu Hause gelassen hat, wenn er den Direktor im Korridor trifft! Schlecht ergeht es ihm: Der Direktor durchbohrt ihn mit seinem Blick. Nur Schüler mit reinem Gewissen, mit sauberen Fingernägeln und sauberen Schulheften, sehr gute Schüler oder Klassenbeste können ruhig an ihm vorübergehen. Doch auch sie werden sicherlich erzittern und im stillen überlegen: Bin ich auch wirklich ganz sauber, hab ich nicht in der vorigen Woche unseren Klassenlehrer schamlos beschwindelt?

„Na bitte", sagte der Direktor. „Da ist ja unser Kronzeuge. Nun, Vorschüler Serpokrylow, wie geht es dir?"

Aljoscha Serpokrylow trat sich an der Schwelle respektvoll die Füße ab und stellte sich an den Ofen. Dort stand er bescheiden, schweigend und reglos, so daß man sich fragen mußte, ob es Aljoscha oder ein Fichtenzapfen war.

Der Direktor meinte, er habe endlich weicheres Holz erwischt. Er hob die Axt, um das Scheit zu spalten, als plötzlich vor dem Schultor ein Jeep brummte, wild aufheulte und verstummte. Der Wagenschlag wurde geöffnet, und die berühmte Rentierfellmütze stieg aus.

Zwei Direktoren

Das Gesicht des Schuldirektors wurde lang und länger. Er war in eine dumme, peinliche Lage geraten: Er hatte durchsagen lassen, daß der Fuchs in zuverlässigen Händen sei, und dieser Trödel war nun dabei herausgekommen. Mißbilligend betrachtete er seine Hände, die sich so gar nicht als zuverlässig erwiesen hatten, und steckte sie in die Jackentasche.

„Setzt euch", befahl der Direktor den Schülern und flüsterte Pawel Sergejewitsch zwei Worte zu, worauf dieser hinauseilte, um den Direktor der Pelztierfarm zu begrüßen.

Aus dem Fenster sah man, daß die Rentierfellmütze den Schulhof überquerte und die Vortreppe hinaufstieg. Dort begrüßte Pawel Sergejewitsch sie und erklärte ihr etwas, wobei er heftig gestikulierte. Was Pawel Sergejewitsch sagte, war nicht zu verstehen, doch die Rentierfellmütze machte daraufhin eine unwirsche Bewegung.

Schließlich war die Unterhaltung beendet, man hörte unbekannte Schritte im Korridor, die Tür ging auf – und Direktor Nekrassow trat in die Klasse: ein großer, hagerer Mann mit einer Rentierfellmütze auf dem Kopf.

Zu seiner Begrüßung sprangen die Schüler der zweiten Klasse polternd von ihren Plätzen auf.

„Ist das 'ne Bohnenstange!" flüsterte Kolja Kalinin begeistert. „So ein Lulatsch! So ein langer Laban!"

„Setzt euch, Kinder", sagte Gubernatorow sanft. „Kalinin, du bleibst stehen, und zwar gerade!"

„Weshalb denn?" beklagte sich Kolja.

Doch Direktor Gubernatorow wußte, weshalb. Er besaß ein feines Gehör und hatte sofort die „Bohnenstange" und den „Lulatsch" vernommen. Nur der „Laban" war ihm entgangen.

Direktor Nekrassow schritt zwischen den Bankreihen zur Tafel und streckte Direktor Gubernatorow die Hand hin.

Die beiden Direktoren standen einander gegenüber und blickten sich in die Augen.

Direktor Nekrassow hatte einen gebieterischen, Direktor Gubernatorow einen energischen Blick.

Die beiden Direktoren standen einander gegenüber, und es wurde so eng in der zweiten Klasse, daß man am liebsten die Wände ein wenig auseinandergeschoben und die Fenster geöffnet hätte.

Die Direktoren wechselten einen kräftigen Händedruck. Danach steckte Nekrassow seine Hand in die Tasche und setzte sich, Direktor Gubernatorow aber hob seine Hand, auf der „Tanja" eintätowiert war, und drohte mit dem Finger.

„Ihr wißt also nicht, wo der Polarfuchs geblieben ist?" sagte er, ohne Direktor Nekrassow anzublicken. „Den ganzen Tag hat er im Käfig gesessen, und jetzt, da der Verantwortliche herkommt, ist er plötzlich verschwunden ... Soso, aber ich weiß, daß ihr den Fuchs versteckt habt. Er muß zurück auf die Pelztierfarm – daran ist nicht zu rütteln."

Am Ende seiner kurzen Ansprache sagte der Direktor noch wütend: „Und damit Punktum!"

Danach wurde die Stille in der Klasse noch lastender und bedrohlicher: Niemand rührte sich. Nur der unerfahrene Vorschüler regte sich leise, doch gleich traf ihn der Blick des Direktors – und er erstarrte. Schließlich bewegte sich Pawel Sergejewitsch. Er wollte anscheinend die Lage retten.

„Kinder", begann er, „den Polarfuchs müssen wir zurückgeben. Er gehört nicht uns. Er kostet sehr viel Geld und gehört dem Staat. Aber wenn ihr Tiere züchten wollt – bitte sehr! Wir haben Kaninchen, wir können auch Füchse anschaffen."

Pawel Sergejewitsch holte tief Luft, und als er merkte, daß die zweite Klasse nicht bereit war zu antworten, fuhr er fort: „Ich verstehe einfach nicht, warum ihr ihn nicht zurückgeben wollt. Erklärt es mir doch!“

Pawel Sergejewitsch hielt inne und wollte den Kindern in die Augen schauen. Doch die Blicke der Schüler irrten durch den Klassenraum und strebten wieder langsam auf das Bild Mendelejews zu.

„Vera“, sagte Pawel Sergejewitsch freundlich, „ich frage nicht, wo der Polarfuchs ist. Verrate mir nur, warum ihr ihn nicht herausrücken wollt?“

Vera liebte den Zeichenunterricht, und sie hing auch sehr an Pawel Sergejewitsch. Außerdem war ja Pawel Sergejewitsch in diese Angelegenheit verwickelt. Wenn er nicht gewesen wäre, wer weiß, wie das Abenteuer in der Schlucht von Kowylkino geendet hätte. Pawel Sergejewitsch hatte ein Recht auf eine Antwort.

Vera faßte Mut und stieß ein paar Sätze hervor. Doch sie redete so aufgeregt, daß niemand etwas verstehen konnte.

„Was sagst du? Wie?“

„Was du gesagt hast! Wiederhole es!“ forderte auch Direktor Gubernatorow.

Sie drangen so lange in Vera, ihre Worte zu wiederholen, bis sie sich gesammelt hatte und deutlich sprechen konnte.

„Wir geben Tischka nicht auf die Tierfarm zurück“, versetzte sie. „Dort machen sie einen Pelzkragen aus ihm.“

„Einen Pelzkragen?“ Pawel Sergejewitsch hob verdutzt die Hände. Er wollte etwas entgegnen, fand aber einfach keine Worte.

Pawel Sergejewitsch war bestürzt. Die Kinder rissen ihre Blicke von Mendelejew los und sahen den Lehrer an.

Nun hätte Pawel Sergejewitsch den Kindern in die Augen

schauen können. Doch sein Blick irrte durch den Klassenraum, blieb für einen Moment an der Rentierfellmütze hängen und landete schließlich auf einer interessanten Stelle: Pawel Sergejewitsch blickte zu Mendelejew empor.

Was war es doch für ein originelles Porträt, das Bild des berühmten Chemikers! Ein Holzrahmen, ein üppiger Bart und in Druckbuchstaben: Dmitri Iwanowitsch Mendelejew.

Nun, Dmitri Iwanowitsch, was würden Sie in solch einem Fall tun? Was könnten Sie zu dem Pelzkragen sagen? Denn aus dem Fuchs wird doch ein Pelzkragen gemacht, nicht wahr?

Doch noch ehe Dmitri Iwanowitsch antworten konnte, krachte in der Klasse ein unverhoffter Donnerschlag. Direktor Nekrassow hatte mit der Faust auf den Tisch geschlagen, und die Schüler fuhren alle zugleich von ihren Plätzen hoch und standen stramm, als sei ein Kommando gefallen.

Der Direktor reckte sich zu seiner vollen Größe auf und nahm die Rentierfellmütze ab.

Die Schüler wußten natürlich nicht, daß Direktor Nekrassow das äußerst selten tat. Nur in ganz bedeutsamen Augenblicken.

Direktor Nekrassows Rede

Nun hatte sich über der zweiten Klasse also doch noch eine Gewitterwolke zusammengebraut. Die bedrohliche Rentierfellmütze schwebte über den Bänken, und Nekrassows erbarmungslose Augen wetterleuchteten. Der Blick des

Schuldirektors wirkte richtig matt gegen dieses elementare Feuer.

Schon allein Nekrassows Aussehen flößte ungeheuren Respekt ein, und die Worte, die nun von ihm zu erwarten waren, mußten wie ein Vulkan grollen. Da kam es auch schon – ein entferntes Donnergrollen, das immer mehr anschwoll und sich schließlich über den Köpfen der Schüler entlud. Nekrassow hustete lediglich, doch glich es einem Erdbeben und erzeugte Respekt und Zittern.

Die Schleife in Vera Merinowas Zopf löste sich und glitt wie eine kleine blaue Schlange auf ihre Schulter herab.

„Setzt euch!“ kommandierte Nekrassow mit seiner Bärenstimme und schwenkte seine Mütze nach rechts und nach links.

Als die Mütze rechts war, stand die zweite Klasse noch, doch als sie nach links fuhr, saßen bereits alle auf ihren Plätzen. Sogar der Vorschüler Serpokrylow hatte sich am Ofen niedergehockt.

„Sagt mal, Kinder“, begann Nekrassow, „sehe ich vielleicht wie ein Schuft aus?“

Nach einer solchen Frage konnte nur eine Pause eintreten, eine Pause und absolute Stille. Auf alles mögliche waren die Kinder gefaßt gewesen. Sie hatten damit gerechnet, daß der Direktor losbrüllen würde: „Wo ist der Polarfuchs?“ Sie hatten erwartet, daß er sie anfahren könnte: „Nehmt euch in acht!“ Aber solch eine Frage – die hatten sie nicht erwartet! Die Schüler der zweiten Klasse waren allesamt erschrocken und verdutzt. Entgeistert blickten sie Direktor Nekrassow an. Auch Pawel Sergejewitsch und Direktor Gubernatorow hatten nicht damit gerechnet, daß Nekrassow so etwas fragen würde. Doch die Frage war nun mal gestellt, und sie verlangte nach einer Antwort.

„Ich frage euch: Sehe ich aus wie ein Schuft – oder nicht?"

Es kam etwas Bewegung in die Kinder. Sie wechselten Blicke, aber natürlich konnte sich niemand entschließen, den Mund aufzumachen und zu antworten. Die Sache hier war gar zu ungewöhnlich und zu gefährlich.

„Nun, Mädchen", sagte Nekrassow und zeigte mit dem Finger auf Vera. „Antworte mir bitte."

Vera sprang nun schon zum zweiten Mal auf. Wortlos starrte sie Direktor Nekrassow an, als versuchte sie herauszufinden, ob er wie ein Schuft aussah oder nicht.

„Hast du die Sprache verloren?" Direktor Gubernatorow mischte sich ein. „Antworte!"

Vera war wie erstarrt, und wer weiß, wie es ausgegangen wäre, wenn nicht der Vorschüler Serpokrylow für Vera in die Bresche gesprungen wäre: „Nein, so sehen Sie nicht aus, wirklich nicht."

„Also gut", versetzte Direktor Nekrassow erfreut. „Wie ein Schuft sehe ich also nicht aus und wie ein Tierquäler auch nicht. Was ich sage – darauf könnt ihr euch verlassen. Nun hört mal gut zu: Diesem Polarfuchs wird in der Pelztierfarm niemand ein Haar krümmen! Ist euch das klar? Nein? Na schön, dann will ich es euch erklären. Der Polarfuchs heißt Napoleon III.! Versteht ihr jetzt?"

Ein Seufzen – verwundert und erleichtert – ging durch die Klasse. Die Lage entspannte sich ein wenig. Die Kinder begannen sogar miteinander zu tuscheln und einander anzustoßen.

„Napoleon! Prima!"

„Jawohl, Napoleon III.!" bestätigte Direktor Nekrassow. Er spürte, daß das Eis zu schmelzen begann. „Sein Großvater war Napoleon I. und sein Vater Napoleon II. Aber hört weiter! Napoleon der Dritte ist noch kein ausgewachsener

Fuchs, er ist noch ein Welpe, jedoch ein ungemein wertvoller. Ihr habt ja bemerkt, was für ein schönes Fell er hat. Solch einen Polarfuchs gibt es nicht noch mal auf der Welt. Deshalb würde kein Mensch ihn zum Pelzkragen verarbeiten. Wir werden ihn wie unseren Augapfel hüten, weil wir eine neue Rasse mit ihm züchten wollen. Ist euch das klar? Das sage ich euch, und mein Wort gilt."

Der Direktor legte eine kleine Pause ein, damit die Schüler das Gehörte verarbeiten konnten, und als er meinte, daß sie damit fertig seien, fuhr er fort: „Ich mache nicht gern viel Worte. Ich arbeite lieber. Deshalb füge ich hinzu: Alle Kinder, die sich für Pelztierzucht interessieren, können uns besuchen. Wir organisieren einen Zirkel für Pelztierzüchter. Und dieses Mädchen, das hier offenbar den Ton angibt, wird ihn leiten. Napoleon und die anderen Polarfüchse, auch die Nerze, könnt ihr dann selbst versorgen. Mehr habe ich nicht zu sagen. Überlegt es euch! So, das wär's."

Direktor Nekrassow schwenkte seine Mütze, stülpte sie sich auf den Kopf und setzte sich.

Es knipste etwas in ihm, wie ein Schalter, und seine Augen wurden matt.

Napoleon XV.

Direktor Gubernatorow war ein kluger Mann, aber Direktor Nekrassow stand ihm in nichts nach. Zwei wohlüberlegte Treffer – und die ganze zweite Klasse war besiegt: Wie ein erlegtes Haselhuhn in seiner Jagdtasche konnte sie nur noch aufgeregt zappeln.

Nekrassows Worte wirbelten die Gedanken der Schüler

auf, so wie der Wind einen schlecht gepackten Heuschober auseinanderjagt. Die Gedanken flogen in alle Himmelsrichtungen. Es dauerte wohl zwei Minuten, ehe sie sich wieder zusammenfanden und in einem Strom weiterflossen. Dieser neue Strom aber war sehr breit: Tischka war also nicht Tischka, sondern Napoleon! So eine Neuigkeit! Und niemand wollte einen Pelzkragen aus ihm machen. Doch die Hauptsache war das Tor, das sich vor den Kindern auftat, das Tor in eine neue Welt – in die Pelztierfarm! Das war doch was!

„Nehmen Sie Napoleon mit!“ rief Mischa Tschaschin.

„Er steckt im Badehaus!“

„Er nimmt ein Schwitzbad!“

„Es lebe Napoleon III.!“

Gleich war es licht und freundlich in der Klasse, die Gesichter hellten sich auf, die Wände rückten auseinander und boten genügend Platz für die beiden Direktoren.

„Wer will an dem Zirkel teilnehmen?“ rief Kolja Kalinin, und sogleich erhob sich ein Wald von Händen über den Bänken, was aussah, als habe eine Kavallerieeskadron die Säbel blankgezogen. Kolja nahm einen Zettel und machte sich mit dem Gebaren eines wissenschaftlichen Sekretärs daran, die Interessenten zu notieren.

„Schreib mich auf!“ quengelte Mischa Tschaschin. „Trag mich für die Polarfüchse ein!“

„Mich auch! Ich will Napoleon pflegen.“

„Ich auch!“

„Ihr könnt doch nicht alle Napoleon nehmen“, wandte Kolja ein. „Es müssen sich doch auch ein paar um die anderen Füchse kümmern.“

Doch alle wollten Napoleon pflegen, Napoleon füttern, wollten Napoleon aufziehen, seine Kinder und Kindeskinder großziehen. In den Augen der Schüler leuchtete der Traum von einer neuen Polarfuchsrasse: Es würde Napoleon IV., Napoleon V. und sogar, wenn alles gut ging, Napoleon XV. geben.

Höllenlärm und Krähengekrächz brachen im Klassenraum aus. Pawel Sergejewitsch stand am Fenster, er strahlte und blickte voller Stolz auf seine geliebte zweite Klasse. Direktor Nekrassow lächelte, und sogar die Augenbrauen des Schuldirektors drückten Wohlwollen aus.

Und gerade in diesem Moment ließ sich eine heisere Stimme vernehmen: „Alles Quatsch!"

„Was soll Quatsch sein?" fragte Pawel Sergejewitsch.

„Alles Quatsch", sagte Serpokrylow nochmals.

„Wieso Quatsch? Warum soll das Quatsch sein?" Alle schrien durcheinander. Serpokrylow aber nahm nur seine Offiziersmütze ab. Man muß dazu sagen, daß er dies äußerst selten tat. Bloß wenn er sich schlafen legte.

Der Zahn des Vorschülers Serpokrylow

So war es also noch ein wunderbarer Tag geworden. Langeweile gab es nicht.

Der Vorschüler beschwichtigte die Klasse mit einer Handbewegung. Er wollte anscheinend eine Rede halten, wußte aber wohl nicht, wie er anfangen sollte. „Leute" oder „Jungs" erschien ihm unpassend. Als die Klasse sich ein wenig beruhigt hatte, zeigte Serpokrylow mit einer Hand auf Mendelejew und sagte: „Genossen!"

Die Schüler der zweiten Klasse waren platt.

Direktor Gubernatorow runzelte die Stirn.

Der Vorschüler Serpokrylow begriff, daß er in eine dumme Lage geraten war. Er wäre am liebsten im Boden versunken, doch der Fußboden des Klassenraumes war fest, denn Zimmermann Merinow hatte ihn gelegt.

„Filka läuft zum Nordpol", brachte Serpokrylow mühsam hervor. „Was soll er denn im Käfig sitzen."

Wieder schwieg er verlegen, als erwarte er Beifall, der nun ausblieb. Es war furchtbar. Aber ihm blieb kein Ausweg, und so stürzte er sich in den Kampf.

„Er ist von der Tierfarm ausgerissen, und jetzt läuft er zum Nordpol, weil er von dort stammt. Am Nordpol wird er sich wohl fühlen, obwohl es da kalt ist. Er wird Junge großziehen. Soll er doch zum Nordpol laufen, wer möchte denn schon im Käfig sitzen? Und dann wählen ihn alle Polarfüchse zum Hauptmann."

Der Vorschüler hielt inne. Er hätte gern noch etwa hinzugefügt, aber ihm fiel nichts mehr ein. Die Schüler lachten nicht – lag es nun daran, daß sie nachdenklich geworden waren oder daß sie – man schämt sich, es zu sagen – ein wenig verlegen waren und sich nicht anlegen wollten mit so einem, der dummes Zeug über den Nordpol schwatzte. Die Schüler der zweiten Klasse blickten die beiden Direktoren an.

„Was soll denn das nun heißen?" fragte Direktor Gubernatorow verwundert und zog die Augenbrauen in die Höhe.

Doch da legte Direktor Nekrassow ihm beruhigend die Hand auf die Schulter. Das gefiel Direktor Gubernatorow nun überhaupt nicht. Der Mensch war noch nicht geboren, der Direktor Gubernatorow auf die Schulter klopfen durfte. Da Nekrassow immerhin auch ein Direktor war, schüttelte Direktor Gubernatorow seine Hand dann doch nicht ab, sondern legte nun seinerseits Direktor Nekrassow eine Hand auf die Schulter. Nachdem sie sich gegenseitig auf die Schulter geklopft hatten, waren sie wieder beruhigt. Direktor Nekrassow lächelte und ging durch den ganzen Klassenraum auf den Vorschüler Serpokrylow zu.

Sein Lächeln wurde mit jedem Schritt breiter und fröhlicher. Wenn man Serpokrylow anlächelte, blieb er gewöhnlich nichts schuldig. Sein Gesicht begann wie ein Teekessel zu strahlen und zu funkeln, und er erwiderte das Lächeln.

„Wo kommst du denn her? Du bist ja noch so klein!“ fragte Direktor Nekrassow freundlich.

„Ich bin von hier, Onkel“, antwortete Serpokrylow strahlend.

Er lächelte so breit, daß Direktor Nekrassow alle Zähne zählen konnte, die Serpokrylow noch verblieben waren.

„Sieben Stück“, versetzte Direktor Nekrassow. „Weshalb hast du denn sowenig Zähne, mein Junge? Es muß doch schrecklich sein, wenn einem der Zahnarzt Zähne zieht.“

„Ich gehe nicht zum Zahnarzt“, entgegnete Serpokrylow, ohne auch nur einen Augenblick verlegen zu werden. „Ich reiße mir die Zähne selber raus.“

„Na, na!“ sagte Direktor Nekrassow herablassend und zwinkerte der Klasse zu. „Dann reiß doch jetzt mal einen raus, und gib ihn mir zum Andenken!“

In der Klasse lachten einige.

„Warum nicht! Das kann ich machen“, erwiderte Serpokrylow ernsthaft.

Er sah nur flüchtig zu Mendelejew hin, schnipste mit den Fingern und riß sich einen Zahn heraus.

Ein erstauntes „Aah“ ging durch die Klasse. Direktor Nekrassow aber wurde bleich.

„Nehmen Sie nur!“ erklärte Serpokrylow beschwichtigend. „Mir wachsen ja neue.“

Direktor Nekrassow zog nervös seine Rentierfellmütze vom Kopf, setzte sie wieder auf und nahm dann aus Serpokrylows Hand behutsam den Zahn entgegen.

„Grrrychm", so klang sein Husten. Den Zahn steckte er in die Brusttasche, aus der ein goldglänzender Füller hervorsah.

„Nein, nein", sagte Serpokrylow, „Sie müssen ihn hinter den Ofen werfen und sagen: Maus, Maus! Den faulen Zahn, den geb ich dir. Bring einen neuen mir dafür!"

„Na gut", gab Direktor Nekrassow zurück, der sich wieder etwas gefaßt hatte. „Du brauchst mir keine Ratschläge zu geben. Ich weiß, was ich zu tun habe. Sag mir lieber, wie du heißt!"

„Aljoscha."

„Also Aljoscha, woher weißt du das alles? Wie kommst du darauf, daß Napoleon zum Nordpol will?"

„Wohin soll er denn sonst wollen?" konterte Serpokrylow unbekümmert.

„Ich weiß nicht, ich weiß nicht", murmelte Nekrassow und schüttelte mißtrauisch den Kopf. „Wenn er unbedingt zum Nordpol will, was macht er dann aber im Dorf Kowylkino? Kannst du mir das verraten? Du weißt es nicht? Aber ich. Er streicht im Dorf herum, weil er etwas zu fressen sucht. Er selber kann sich nämlich nichts beschaffen. Er ist in einem Käfig geboren und auch darin aufgewachsen. Bis zum Nordpol würde er es gar nicht schaffen, er würde vorher umkommen. Es bestünde die Gefahr, daß Hunde ihn zerreißen oder Jäger ihn totschießen, daß ein Auto ihn überfährt oder er einfach verhungert. Für Napoleon gibt es nur eine Möglichkeit: Er muß in der Tierfarm bleiben. Aber für den Zahn – schönen Dank."

Napoleons letzte Zuflucht

Damit war alles aus und entschieden. Direktor Nekrassow hatte den Vorschüler zurechtgewiesen, seinen Zahn aber in der Brusttasche behalten.

Wo war der Vorschüler überhaupt hergekommen? Und wieso setzte er sich für Napoleon ein? Woher wollte er denn wissen, daß Napoleon sich nach dem Nordpol sehnte? Weshalb trieb sich Napoleon dann in Kowylkino herum? Am Dorfladen war er umhergestreunt, und die Nacht hatte er bei Palme verbracht. Nein, der Vorschüler Serpokrylow hatte nicht im mindesten recht.

„Nieder mit Serpokrylow!" schrie Kolja Kalinin, und alle lachten.

Die Schüler der zweiten Klasse waren müde geworden. Es war höchste Zeit, die Versammlung zu beenden, sie hatte sich schon viel zu lange hingezogen.

Der letzte Schultag des Quartals ist zu Ende. Nun habt ihr frei, Kinder, hört auf zu grübeln! Und nach den Feiertagen gehen wir alle zusammen zur Pelztierfarm, füttern die Polarfüchse und versorgen die Nerze und Silberfüchse!

„Kommen Sie mit zu dem Badehaus, Herr Direktor? Kommen Sie, wir zeigen es Ihnen!" riefen die Schüler der zweiten Klasse und schnappten ihre Schultaschen.

Die Kinder waren ausgelassen. Den ganzen Tag hatten sie sich prächtig gehalten, jetzt konnten sie zu Recht fröhlich sein, auch Vera Merinowa. Sie hatte getan, was sie konnte, hatte brav und redlich den Stein auf den Berggipfel zurückgeschleppt.

„Aljoscha", sagte sie und trat auf Serpokrylow zu, „kommst du auch mit zur Pelztierfarm?"

„Zur Pelztierfarm?" fragte Serpokrylow zurück, der Vera

nicht besonders aufmerksam zugehört hatte, sondern nur beobachtete, wie die beiden Direktoren einen Händedruck wechselten. „Ich weiß nicht ... Wenn sie mich mitnehmen ..."

„Das ist schön!" rief Vera erfreut. „Sei nicht böse."

Die Kinder strömten hinter den beiden Direktoren her auf die Straße. Sie wußten alle, wo sich das Badehaus des alten Karassjow befand, und alle wollten nun den Weg dorthin zeigen.

Vorn, neben den beiden Direktoren, schritten Kolja Kalinin und der Chauffeur von der Pelztierfarm, der einen transportablen Käfig vor sich her trug. Am Ende des Zuges gingen Pawel Sergejewitsch, Vera Merinowa und der Vorschüler Serpokrylow.

„Tja, mein Lieber", sagte Pawel Sergejewitsch zu Serpokrylow, „es geht nicht immer so, wie man möchte."

„Das stimmt", pflichtete Serpokrylow ernsthaft bei.

„Nimm zum Beispiel mich!" fuhr Pawel Sergejewitsch fort. „Ich habe mein Leben lang davon geträumt, ein Maler zu werden, aber es ist nichts daraus geworden."

„Aber wieso nicht?" fragte Serpokrylow. „Sie können doch prima zeichnen – eine Kuh, einen Bullen ..."

„Na ja, das stimmt schon, aber ein Repin bin ich nicht. Das Gemälde ‚Iwan der Schreckliche erschlägt seinen Sohn' stammt nicht von mir. Ich kann höchstens Karassjows Badehaus malen!"

Karassjows Badehaus verdiente indessen wirklich, gemalt zu werden. Es stand dermaßen schief, wie es sich kein Maler hätte ausdenken können.

Sein ganzes heißes Leben lang hatte das Badehaus des alten Karassjow nicht solch eine Menschenansammlung gesehen. Der Lärm, das Gelächter, die lauten Stimmen er-

schreckten es, und es wurde noch schiefer. Und als es die beiden Direktoren gewahrte, duckte es sich vor Angst ganz tief auf den Erdboden.

„In so ein Gefängnis habt ihr Napoleon gesteckt!“ Direktor Nekrassow lachte. „Na, da hat er es bei uns auf der Tierfarm aber besser. In solch einer Bude beißen ihn ja die Ratten tot.“

Direktor Nekrassow lachte, schob mühsam die knarrende Tür auf und betrat den Vorraum. Dort roch es nach Teer und Birkenreisig. Direktor Gubernatorow wollte seinem Kollegen nicht nachstehen und drängte sich ebenfalls in den Vorraum. Dabei stieß er mit dem Kopf gegen die niedrige Decke.

Die beiden Direktoren drangen weiter vor, dabei warfen sie Zuber um, rempelten gegen rostige Eisenbleche, die aus unerfindlichem Grund dort herumlagen. Dann zwängten sie sich wieder heraus.

„Zum Teufel, was soll das?“ Nekrassow breitete fassungslos die Arme aus. „Das Badehaus ist leer.“

„Was sind das für Scherze!“ versetzte Gubernatorow drohend und umfaßte alle Schüler der zweiten Klasse mit einem einzigen Blick. „Was sind das für Späße! Wo steckt der Polarfuchs?“

„Da drin“, riefen die Kinder. „Er ist im Badehaus! Er muß da drin sein!“

Die Schüler waren in heller Aufregung. Sie schwenkten ihre Schultaschen. Und mit einemmal wollten dreiunddreißig Hände dem Vorschüler Serpokrylow an den Kragen gehen.

„Wo ist der Polarfuchs?“

„Wo steckt Napoleon?“ brüllten die empörten Schüler der zweiten Klasse.

„Was denn für'n Napoleon?“ verteidigte sich Serpokrylow. „Ich kenne keinen Napoleon!“

„Sag, wo der Polarfuchs steckt! Wo ist Napoleon?"

„Wie spät ist es jetzt?" fragte Serpokrylow, nachdem er sich ein wenig aus der Umklammerung seiner Freunde befreit hatte.

„Halb drei", antwortete Pawel Sergejewitsch.

„Na, ich denke, dann ist er schon am Nordpol", erwiderte der Vorschüler.

Einkreisung und Treibjagd

Es ist wahr: Geduld hat ihre Grenzen. Sie gleicht einer Eierschale, in der Müdigkeit, Verzweiflung und Zorn wie ein Küken heranwachsen.

Nun also platzte die Schale der Geduld, und das schreckliche Küken des Zorns kam ans Tageslicht und stürzte auf den Vorschüler Serpokrylow los, um auf ihn einzuhacken.

„Wo ist Napoleon? Wo hast du ihn gelassen?"

„Was wollt ihr denn von mir?" antwortete Serpokrylow. „Napoleon ist weg! Ich hab ihn laufenlassen! Zum Nordpol!"

„Er hat ihn laufenlassen!" schrien die Schüler, die sich schamlos und maßlos betrogen fühlten.

Von dem fürchterlichen Geschrei schrak Karassjows Badehaus noch mehr zusammen und kroch vor Angst an einen neuen Platz.

„Wir haben ihm vertraut! Und er hat ihn laufenlassen!" schrien die Kinder den Direktoren zu.

„Hört auf mit dem Spektakel!" brüllte Direktor Nekrassow, und sogar seine Rentierfellmütze erblaßte vor Zorn. Er zog den Zahn des Vorschülers Serpokrylow aus der Tasche, warf ihn auf die Erde und zertrat ihn.

Serpokrylow stellte sich übrigens von allein etwas abseits hin und guckte bloß unter seiner Offiziersmütze hervor. Er war auf alles gefaßt. Vera aber stand fassungslos, sie konnte einfach nicht begreifen, was passiert war.

Hatte Aljoscha den Polarfuchs etwa wirklich laufenlassen? Meinte er denn das mit dem Nordpol ernst? Wie konnte man solch einen Unsinn glauben?

Vera blickte Serpokrylow an und erkannte klipp und klar, daß es keinen Zweifel gab. Sie sah es seinen Augen an, daß er diesen Unsinn glaubte und die Untat begangen hatte – er hatte Napoleon laufenlassen.

„Vera ist schuld", sagte Kolja Kalinin. „Sie hat sich für ihn verbürgt."

„Wir haben ihr geglaubt."

„Merinowa, du meldest dich mit deinen Eltern in der Schule!" verfügte Direktor Gubernatorow.

Mit ihren Ellbogen und Schultaschen stießen die Schüler der zweiten Klasse Vera aus ihrer Mitte, zum Vorschüler Serpokrylow hin, während sie sich eng um die beiden Direktoren scharten.

Vera hatte sich nicht lange auf dem Gipfel des Ruhms gehalten. Sie hatte nur gerecht sein wollen, nun aber richtete sich der Zorn der Klasse gegen sie. Und allen voran – ihr ehemaliger Helfer Kolja Kalinin! Obendrein schob er ihr die Schuld an allem zu. Wie schnell, wie unverhofft ändert sich alles im Leben!

„Kreist das Dorf ein!" kommandierte Nekrassow dröhnend.

„Alle Eingänge und Ausgänge absperren!" fügte Direktor Gubernatorow hinzu.

Ihre Schultaschen schwenkend, schwärmten die Schüler aus, jagten los, um den Befehl der beiden Direktoren auszuführen. Im nächsten Augenblick war das Dorf Kowylkino umzingelt. Hinter jedem Strauch, jedem Badehaus und jedem Heuschober lugten Schüler hervor. Das kleinste Huhn hätte nicht unbemerkt aus dem Dorf entwischen können, und erst recht nicht Napoleon III.

Die beiden Direktoren steckten die Köpfe zusammen und beschlossen, selbst das Dorf zu umzingeln, alle Eingänge und Ausgänge mit strengem Blick zu überwachen.

Direktor Nekrassow ging nach Norden, Direktor Gubernatorow nach Süden. Nach zehn Minuten trafen sie im Osten schon wieder aufeinander. Spuren von Napoleon hatten sie nicht entdeckt. Wahrscheinlich war er die Straße entlanggelaufen. Und die war so aufgewühlt, daß nicht einmal ein Elefant Spuren hinterlassen hätte.

„Wir müssen die Dorfbewohner fragen", schlug Nekrassow vor.

„Ein glänzender Einfall!" pflichtete Gubernatorow bei.

Gleich vor dem Laden trafen die beiden Direktoren auch auf einen Dorfbewohner. Es war Karassjows Nachbarin Nefjodowa, die wieder einmal zehn Brote nach Hause schleppte.

„Guten Tag, Tantchen!" sagte Nekrassow ehrerbietig. „Haben Sie vielleicht so einen kleinen Hund gesehen?"

„Was scheren mich denn diese Köter!"

„Warten Sie doch, schimpfen Sie nicht gleich!" unterbrach sie Gubernatorow. „Es ist nicht bloß so ein Köter, sondern eine Art Fuchs, mit einem buschigen Schweif."

„So einen hab ich gesehen."

„Wo?"

„Dort auf der Straße."

„Na bitte!“ rief Direktor Nekrassow. „Er ist die Straße langgerannt! Los, schnell ins Auto.“

Die beiden Direktoren liefen zur Schule, schwangen sich in den Jeep, der augenblicklich aufheulte und Napoleons Spuren hinterherjagte.

Die Straße von Kowylkino rüttelte den Jeep erbarmungslos durch, zerrte an den Rädern und versuchte sie abzureißen. In ungeheuerliche Abgründe und Wasserlachen stürzte sie ihn und schüttelte ihm die Seele aus dem Leib. Die Schraubenmuttern rieselten nur so auf die Straße, wie Schuppen von einer Plötze.

Nach zehn Minuten etwa gewahrten sie ein winziges Wesen auf der Straße.

Es war ein Tier von unbestimmbarer Farbe, das anscheinend überhaupt keinen Schwanz hatte.

„Napoleon!“ rief Direktor Nekrassow. Ein furchtbarer Gedanke schoß ihm durch den Kopf: Hatten etwa die Hofhunde dem außergewöhnlichen Tier den Schwanz abgebissen?

Als das schwanzlose Tier den heulenden Jeep hörte, sprang es in den Straßengraben und blaffte böse.

Es war die unvergeßliche Hitsche. Sie hatte sich mit dem ganzen Dorf zerstritten und wollte es nun für immer verlassen.

Zwei Bäume auf freiem Feld

Die Schüler der zweiten Klasse waren losgelaufen, um Napoleon zu fangen. Auch die beiden Direktoren hatten sich entfernt. Nur Vera und Serpokrylow waren am Badehaus zurückgeblieben. Sie standen ein Stück voneinander entfernt und starrten auf den Boden vor sich.

Serpokrylow und Vera wirkten jetzt wie zwei Bäume, die sich von ihrem heimatlichen Wald losgerissen haben und nun mitten auf einem Feld stehen. Sie standen zwar beieinander, nicht weit voneinander entfernt, aber doch einsam, und jeder mußte allein mit Wind und Wetter fertigwerden.

Pawel Sergejewitsch wollte zuerst zusammen mit den beiden Direktoren loslaufen, aber als er diese Bäume sah, blieb er.

„Aljoscha", versetzte Pawel Sergejewitsch und trat auf den Vorschüler zu, „erklär mir doch, was passiert ist. Warum hast du Napoleon laufenlassen?"

Aljoscha schwieg.

„Du bist ein Dickkopf!" Pawel Sergejewitsch seufzte. „Vera und mir kannst du alles anvertrauen. Wir sind doch deine Freunde."

Bei dem Wort „Freunde" zuckte Vera die Achseln. Aljoscha, der diese Verachtung gewahrte, erstarrte vollends. Dann fiel ihm plötzlich etwas ein. Er holte die Leine aus der Tasche, die Napoleon umgehabt hatte, und reichte sie Vera. Sie steckte sie gleichgültig in die Tasche.

Und wieder standen die beiden Bäume mitten auf dem Feld, ein wenig näher beieinander, aber dennoch völlig fremd. Es waren anscheinend ganz verschiedene Bäume.

Pawel Sergejewitsch wollte ihnen etwas sagen, fand aber keine Worte.

„Dann werde ich mal Farben holen gehen", sagte er nachdenklich, „und das Badehaus malen!"

Pawel Sergejewitsch klopfte Serpokrylow auf die Schulter, winkte ab und verschwand hinter den Scheunen.

„Gefällt dir das Badehaus?" fragte Serpokrylow leise.

Vera schwieg. Sie mochte Aljoscha nicht einmal ansehen: Er hatte sie schamlos betrogen und ihren bislang ehrlichen Namen beschmutzt. Am liebsten wäre sie nach Hause gegangen, blieb aber doch noch.

So verstrichen wohl zwei Minuten. Dann seufzte Aljoscha und berührte Vera am Ärmel.

„Vera", sagte er.

Vera schüttelte seine Hand wie eine widerwärtige Raupe von ihrem Arm ab.

„Ist doch schon gut."

Vera schwieg verbissen. Bald hielt sie es nicht mehr aus und warf Aljoscha einen eisigen Blick zu.

„Warum hast du das gemacht, Serpokrylow?"

„Du weißt doch, er muß zum Nordpol."

„Quatsch doch nicht solchen Unsinn."

„Ich weiß es genau."

„Wieso? Hat er's dir erzählt?"

„Ich hab es nachgeprüft. Mit dem Kompaß."

„Warum lügst du? Woher hast du einen Kompaß?"

„Woher schon?" erwiderte Aljoscha und zog einen flachen runden Gegenstand aus der Tasche, der ganz wie eine Armbanduhr aussah. „Von meinem Vater."

Es war tatsächlich ein Kompaß, ein richtiger Kompaß mit einer roten Nadel, an deren Spitze noch ein wenig Phosphor leuchtete.

Aljoscha bewegte einen Hebel, die Nadel ruckte, kreiste und pendelte sich auf Norden ein.

„Er ist nach Norden gelaufen“, versetzte Aljoscha, „vom Laden zu eurem Haus, genau nach Norden. Von eurem Haus zu der Fichte – wieder in Richtung Norden.“

„Na und?“

„Also will Napoleon zum Nordpol. Da hab ich ihn laufenlassen.“

Vera schüttelte ungläubig den Kopf, nahm den Kompaß und legte ihn auf ihre Hand – die Kompaßnadel zeigte zur einsamen Fichte von Kowylkino. Weit hinter der Fichte lag der Nordpol, der Scheitel der Erde, und darüber flammte das Nordlicht.

Vera ging vorsichtig in Richtung Norden. Aljoscha folgte ihr.

Als Pawel Sergejewitsch zum Badehaus zurückkehrte, fand er weder Vera nach Aljoscha vor.

Der Lehrer schlug den Zeichenblock auf. Er wollte zunächst eine Skizze machen, überlegte es sich aber anders. Das Badehaus kam ihm auf einmal unansehnlich vor und der Himmel grau und langweilig. Plötzlich kränkte es ihn auch, daß die Kinder nicht auf ihn gewartet hatten.

Ein Stein fällt vom Herzen

Der Weg nach Norden führte, wie sich herausstellte, quer durch das Dorf Kowylkino, am Laden, an der Schule, der Silogrube und dem Haus des alten Karassjow vorbei. Vera schlug diese Richtung ein, blickte dabei auf die Kompaßnadel und wunderte sich, daß niemand diesen Weg genommen hatte und sie nun allein hier gingen.

Der alte Karassjow, der auf der Bank neben der Pforte saß, gewahrte die Kinder und wollte schon die Brille aus der Tasche holen, besann sich jedoch anders.

Gar zu hell leuchteten anscheinend die Kreise rings um die Kinder. Der Alte lächelte und konnte sich nicht satt sehen, als habe er einen Feldblumenstrauß vor sich.

„Was meinst du, ob sie Napoleon einfangen?“ fragte Vera.

„Der ist längst über alle Berge in Richtung Norden!“ Der Vorschüler pfiff durch die Zähne und machte einen Luftsprung. Dabei ruderte er wild mit den Ellbogen, um anzudeuten, mit welcher Geschwindigkeit der kleine Polarfuchs dahinjagte. Mit einemmal hielt er es nicht mehr aus, schnappte den Kompaß und fegte los – geradewegs zum Nordpol.

„Warte doch!“ rief Vera, aber Aljoscha war schon um die Ecke.

Vera schaute ihm hinterher, dann trottete sie nach Hause.

Ihr gingen allerlei Gedanken durch den Kopf. Vor allem versuchte sie herauszufinden, was sie richtig und was sie falsch gemacht hatte.

Als Napoleon bei ihnen aufgetaucht war, hatte sie ihm Futter gebracht. Das war natürlich richtig gewesen. Dann hatte sie ihm eine Leine umgebunden. Auch das war richtig. Damit er nicht weglief. Doch wenn er auf dem Weg zum Nordpol gewesen war, dann hatte sie falsch gehandelt. Vom Nordpol hatte sie allerdings noch nichts gewußt. Na gut, das mit der Leine mochte falsch sein. Ein Tier an die Leine zu legen ist immer falsch. Aber dafür war in der Schlucht alles richtig gewesen, und Vera hatte gut daran getan, Pawel Sergejewitsch Bescheid zu sagen. Danach hatten sie Napoleon in den Kaninchenstall gesperrt. Ob das richtig oder falsch war, ließ sich schwer bestimmen. Als Staatseigentum gehörte

Napoleon in den Käfig, doch wenn er zum Nordpol wollte, mußte man ihn laufenlassen. Da hatte Vera offenbar einen Fehler begangen. Aber sie hatte ihn wiedergutgemacht, als sie beschloß, Napoleon zu verstecken. Insgesamt hatte sie also einiges richtig und einiges falsch gemacht.

Das geht jedem so.

Aber eines steht fest, für den Polarfuchs bin ich nicht mehr verantwortlich, dachte Vera.

Und sie spürte plötzlich, wie ihr ein Stein vom Herzen fiel.

Aus war's! Sie trug keine Verantwortung mehr für den Polarfuchs.

Nun wurde ihr bewußt, daß dieser Stein sie schon den ganzen Tag über geplagt hatte, sie hatte es nur nicht bemerkt. Es war kein leichter Tag für sie gewesen: Sie hatte nicht nur einen Stein den Berg hinaufgebuckelt – sie hatte obendrein einen mit sich herumgeschleppt.

Vera öffnete die Gartenpforte und spürte plötzlich mächtigen Hunger. Die Klassenversammlung hatte sich in die Länge gezogen. Bestimmt war das Mittagessen in der Ofenröhre kalt geworden. Aber was tat das schon. Hauptsache, sie war den Stein los!

Jetzt trug Vera keine Verantwortung mehr, außer für sich selbst. Wie froh und beschwingt sie sich fühlte! Das Mittagessen konnte sie sich ja auf dem Herd wärmen.

Palme kroch aus ihrer Hütte, als sie die Pforte klappen hörte, und bellte freundlich. Vera bückte sich, um sie zu streicheln. Plötzlich schrak sie zusammen.

Ganz müde kam aus der Hundehütte, den Motorradhandschuh zwischen den Zähnen, der kleine Polarfuchs hervor.

Der Stein ist wieder da

Daß ein Stein den Berg hinabrollt und man ihn wieder zurückträgt, mag noch angehen. Aber daß einem ein Stein vom Herzen fällt und dann mit einemmal zurückkehrt, ist doch unerhört. Es kann einen umhauen.

Napoleons majestätische Erscheinung warf Vera buchstäblich um. Sie ließ ihre Schultasche fallen und hockte sich auf der Vortreppe hin. Sie fühlte sich entsetzlich müde, und der Stein wälzte sich zurück auf ihr Herz und lastete dort so schwer, daß ihr alles weh tat.

Stolz und unabhängig stand Napoleon vor der Hundehütte. Sein herrschaftlicher Schweif lag wie ein Umhang auf dem Erdboden, und zwischen den Zähnen hielt er wie ein Symbol der Macht den Motorradhandschuh.

Diesem Motorradhandschuh war ein seltsames Schicksal zuteil geworden. Von Benzin durchtränkt, kannte er früher nichts anderes, als den Lenker des Motorrades zu packen und Reifen aufzupumpen, wobei er immerfort spürte, daß er von der Hand abhängig war, die in ihm steckte.

Ein merkwürdiges Geschick brachte ihn mit Napoleon zusammen. Er wurde von Ereignissen mitgerissen und geriet in Verwicklungen, die sich ein Handschuh sonst nicht träumen läßt.

Aber wahrscheinlich wohnte ihm schon von klein auf Abenteuerlust inne. Zwar hatte Napoleon ihn gebeutelt und gebissen, aber er hatte ein abwechslungsreiches Leben genossen. Und wenn alles noch einmal von vorn anfinge, so würde er den gleichen Weg einschlagen.

Sehr selten ist es einem Handschuh beschieden, sein eigenes, selbstgewähltes Leben zu führen. Ja, der Motorradhandschuh!

Napoleon beachtete Vera nicht weiter und kehrte in die Hundehütte zurück. Mit einem leichten Kopfnicken forderte er Palme auf, ihm zu folgen.

Nein, die Unannehmlichkeiten des Lebens hatten Napoleons Charakter nichts anhaben können. Seine stets vornehmen Manieren und sein Wesen zeugten davon. Napoleons Fell sah jetzt sauber und gepflegt aus. Anscheinend hatte Palme sich um ihn gekümmert und Staub und Schmutz aus seinem Fell entfernt. Sie hatte den kleinen Polarfuchs gewaschen und gekämmt. Zuckerweiß leuchtete der Streifen auf seiner samtschwarzen Nase.

Er ist wieder hier, dachte Vera verstört. Und der Stein lastete wieder auf ihrem Herzen, drückte und riß sie zu Boden, ließ sie in ausweglose Grübeleien versinken.

Als Napoleon aus der Hundehütte hervorgekommen war, hatte Vera schlagartig begriffen, daß sie jetzt nicht mehr ausweichen konnte, daß Napoleons Schicksal nun ganz allein von ihr abhing. Sie mußte auf der Stelle entscheiden, was mit ihm geschehen sollte.

Serpokrylitsch! dachte Vera und wollte schon zu ihm eilen, blieb dann aber stehen.

Sie wußte haargenau, was Serpokrylow sagen würde. Er verfolgte seine eigene Richtung, und die führte schnurstracks zum Nordpol.

Sie mußte selber entscheiden: Sollte sie Napoleon festhalten oder zum Nordpol laufenlassen?

Ich muß ihn laufenlassen, dachte Vera. Soll er am Nordpol leben. Dort wird er Junge haben. Wie der Streifen auf seiner Nase glänzt! Ich lasse ihn frei. Soll er zum Nordpol rennen.

Für eine Minute war ihr leichter zumute.

Wunderschöne Polarfüchse wird er aufziehen. Aber nicht im Käfig, sondern in Freiheit.

Vera lächelte, sie beruhigte sich, doch noch nicht endgültig. Da war noch etwas, was sie störte.

Hier stimmt doch was nicht! überlegte sie. Ich halte ihn ja gar nicht fest. Wenn er zum Nordpol will, warum verkriecht er sich dann in der Hundehütte?

Ihr wurde schwindlig, vor Aufregung hämmerte ihr Herz so laut, daß sogar Napoleon aus der Hundehütte hervorschaute: Was ist das? Was klopft da so?

Er musterte Vera aufmerksam, als überlegte er, was sie für ein Mensch sei – ein guter oder ein schlechter, warum sie so seltsam gucke und was sie zu tun gedenke.

Was machst du denn hier, du bist doch frei? dachte Vera. Warum bist du in die Hundehütte gekrochen? Lauf, wenn du laufen willst, oder leb wieder im Käfig, wenn du müde bist! Anscheinend brauchst du den Nordpol nicht, dich lockt die warme Hundehütte, die Kohlsuppe von gestern. Wenn das so ist, dann kann Vera Merinowa kein bißchen helfen.

Napoleon, du bist Staatseigentum und solltest deshalb auf die Pelztierfarm zurückkehren. In der Hundehütte ist es vielleicht besser als im Käfig, aber so groß ist der Unterschied nun auch nicht.

„Na gut“, sagte Vera. „Ich gebe ihm fünf Minuten Zeit. Wenn er wegläuft, dann lasse ich ihn.“

Sie wartete fünf Minuten. Dann aber öffnete sie ihre Schultasche und holte die Leine heraus.

Freunde der Pelztierzucht

Ich muß mir auch eine Rentierfellmütze zulegen, dachte Direktor Gubernatorow. Das ist die richtige Kopfbedeckung für einen Direktor – praktisch und schön.

Der Jeep holperte tollkühn auf der Straße von Kowylkino ins Dorf zurück. Die beiden Direktoren saßen auf dem Rücksitz, und ihre Schultern stießen heftig gegeneinander, wenn es über tückische Schlaglöcher ging.

An der Schlucht von Kowylkino hielt der Jeep an. In den Holunderbüschen gewahrten die beiden Direktoren eine merkwürdige, mit Kiefernzweigen behängte Gestalt. Es war Kolja Kalinin. Er hielt Wache und hatte sich zur Tarnung eine Haube aus Kiefernzweigen übergestülpt, unter der er wie ein Eichhörnchen hervorlugte.

„Melde gehorsamst!" rief Kolja Kalinin wie ein Soldat.

„Bitte."

„Napoleon ist nirgends zu finden!"

„Posten zurückziehen!"

Nach zehn Minuten versammelten sich alle Schüler der zweiten Klasse an der Schule. Von Napoleon hatten sie keine Spur entdeckt, und sie verspürten fürchterlichen Hunger.

„Kinder!" rief Direktor Nekrassow und stieg auf die Vortreppe des Schulgebäudes. „Wir haben Napoleon noch nicht eingefangen. Aber wer da sucht, der wird auch finden. Und wir werden ihn aufspüren. Er kann nicht weit gekommen sein, sondern wird ums Dorf herumstreichen – wir müssen nur die Augen offenhalten. Er wird ins Dorf zurückkehren, um sich etwas zu fressen zu holen. Auf Wiedersehen!"

„Besuchen Sie uns bald wieder!" schrien die Schüler und wollten gerade zum Abschied winken, da ergriff Direktor Gubernatorow das Wort.

„Liebe Schüler! Liebe Pioniere! Ihr alle seid jetzt junge Pelztierzüchter, und wir müssen Direktor Nekrassow versprechen, daß wir nicht ruhen werden, bis wir Napoleon gefangen haben."

„Das versprechen wir!" antworteten die Schüler im Chor.

„Denn Napoleon ist ein wertvolles Pelztier und bringt dem Staat Nutzen", fuhr Gubernatorow fort. „Solche Tiere wie Napoleon sind Gold wert, denn ihr Fell ist sehr teuer. Und Napoleon mit seinem schönen Fell ist eben kostbar."

Direktor Gubernatorow hielt sich für einen guten Redner. In dieser Hinsicht stellte er Direktor Nekrassow wohl in den Schatten.

Nekrassow spürte gleich, daß er übertrumpft wurde. Es ärgerte ihn, daß er nicht selbst das Wort ergriffen hatte, um über die Freunde der Pelztierzucht und den Nutzen für den Staat zu sprechen.

„Direktor Gubernatorow hat recht", ließ sich Nekrassow vernehmen. „Unsere Pelztierfarm bringt dem Staat großen Nutzen. Allein in diesem Jahr haben wir Felle im Werte von einer Million Rubel abgeliefert."

Als Direktor Gubernatorow diese bemerkenswerten Worte hörte, klatschte er in die Hände. Die jungen Freunde der Pelztierzucht spendeten einmütig Beifall. Dabei mußten sie sich ihre Schultaschen unter den Arm klemmen.

Direktor Nekrassow hob die Hand, um etwas hinzuzufügen, das die Million übertraf. Doch er erstarrte plötzlich.

Die Hand zum Himmel erhoben, spähte Direktor Nekrassow angestrengt in die Ferne, die Dorfstraße entlang.

Auf der von Traktoren aufgewühlten Straße näherte sich der kleine Polarfuchs Napoleon III. Vera Merinowa, Schülerin der zweiten Klasse, führte ihn an der Leine.

Der Dank des Direktors

Jetzt war Vera überzeugt, daß sie alles richtig gemacht hatte. Doch seltsam – der Stein wollte ihr nicht vom Herzen fallen, er belastete sie immer noch.

Bedrückt trottete Vera auf die Schule zu, blickte auf Napoleons prächtigen Schwanz und konnte nichts Prächtiges an ihm entdecken. Ein Schwanz wie jeder andere. Alles Gerede davon war Unsinn.

Napoleon kam ihr unheimlich vor. Warum trabte er so willig, so sorglos seinem Schicksal entgegen – geradewegs in den Käfig?

Ach, du kleiner Polarfuchs, dachte Vera. Wenn du doch lieber zum Nordpol laufen würdest ...

Doch Napoleon wußte gar nicht mehr, wo er hinzottelte. Als Serpokrylow ihn freigelassen hatte, war er in Richtung Norden geschnürt, aber bei Palme gelandet. Warum, wußte er selbst nicht.

Er erblickte jetzt viele, viele Menschen vor sich. Sie schwiegen gespannt und warteten auf ihn. Sie hätten doch schreien und mit den Händen fuchteln müssen.

Aber nun kam er näher, und Geschrei brandete über ihm auf.

Napoleon blieb stehen.

Er sah sich von Menschen und Zäunen umgeben.

Napoleon legte sich auf die Erde und schloß die Augen. Genauso hatte Hundertsechzehn vor dem Chauffeur Schamow gelegen.

Alle schwiegen. Nur von der Vortreppe der Schule kam ein Geräusch, und schleichende Schritte näherten sich. Napoleon witterte den Geruch von Futtergemisch.

Jemand trat auf ihn zu, packte ihn kräftig am Genick und

hob ihn hoch. Napoleon wurde schwindlig, er hörte fernes Klappern von Aluminiumnäpfen.

„Warten Sie“, sagte Vera. „Nehmen Sie dies!“

„Was ist denn das?“

„Sein Handschuh.“

„Na, na!“ Direktor Nekrassow lachte. „Was soll er denn damit? Noch dazu ein Motorradhandschuh!“

Die Schüler der zweiten Klasse kicherten.

Der Chauffeur von der Pelztierfarm trug Napoleon zum Auto.

So schwebte der kleine Polarfuchs über den Köpfen der Schüler davon.

„Bist ein kluges Mädchen!“ lobte Direktor Nekrassow Vera und faßte sie um die Schultern. „Wie heißt du? Vera? Und wie sind deine Zensuren?“

„Sie gehört zu den Besten“, ließ sich Direktor Gubernatorow von der Treppe vernehmen.

„Kinder! An diesem Mädchen solltet ihr euch ein Beispiel nehmen. Sie hat uns sehr geholfen. Ich möchte ihr im Namen der Pelztierfarm meinen Dank aussprechen.“

Die Schüler der zweiten Klasse hielten den Atem an. Sie waren gespannt, wie der Direktor diesen Dank zum Ausdruck bringen würde. Sie begriffen, daß so ein Dankeschön, zudem im Namen der Pelztierfarm, schon etwas heißen wollte.

Auch der Direktor schien zu spüren, daß es möglichst eindrucksvoll geschehen mußte. Er holte tief Luft und sprach mit größtem Nachdruck: „Danke!“

Er schüttelte Vera die Hand und klopfte ihr so kräftig auf den Rücken, als wollte er ihr den Stein wegklopfen, der ihr noch auf dem Herzen lag.

„Bitte“, entgegnete Vera leise.

Ihr war hundeelend zumute.

Der Stein auf dem Herzen preßte ihr zwei kleine Tränen aus den Augen. Mitleid mit sich und mit Napoleon quälte Vera.

Die Welt war auf einmal trübe, die Gesichter ihrer Mitschüler verschwammen vor ihren Augen, Direktor Nekrassow sah sie überhaupt nicht mehr.

Um nicht loszuweinen, biß Vera die Zähne zusammen und starrte auf die einsame Fichte von Kowylkino, die den Himmel stützte. Doch da neigte sich die Fichte ein wenig, verschleierte sich immer mehr und verschmolz schließlich mit dem grauen Himmel über dem Dorf.

Später Abend im Dorf Kowylkino

Im Herbst wird es im Dorf Kowylkino sehr früh dunkel.

Die schwarzen Häuser und Scheunen schlucken das Tageslicht und verstecken es bis zum nächsten Morgen auf dem Dachboden. Aus den Kellern kriecht die Dämmerung hervor. Doch sie ist so kurz, daß man gar keine Dämmerstunde halten kann – gleich ist der Abend da.

Mit dem Einbruch der Dunkelheit wird es still im Dorf. Manche Fenster sind erleuchtet, andere bleiben dunkel, dort haben sich die Menschen bereits schlafen gelegt, für sie ist schon Nacht.

Heute verspätete sich die Nacht. Im ganzen Dorf brannte noch Licht, Türen klappten, der Brunnen knarrte. Die Mütter und Hausfrauen kneteten Teig, schnitten Zwiebeln und Kohl für Krautpiroggen.

Frol Nosdratschow wollte ein Schwein schlachten. Er

brachte eine Hundertwattlampe auf den Hof. Sein riesiger Schatten fiel nun auf die benachbarten Häuser, huschte über die Dächer und Wände der Scheunen von Kowylkino.

Mutter Merinowa wirtschaftete den ganzen Abend herum. Sie schickte ihren Mann bald in den Keller, bald zum Brunnen. Vera drehte währenddessen den Fleischwolf und bereitete die Füllung für die Fleischpastete. Die Schüssel war gehäuft voll.

„Ist hier jemand zu Hause?" ließ sich draußen an der Tür eine Stimme vernehmen.

„Jawohl!" erwiderte der Zimmermann.

„Guten Abend!" grüßte Pawel Sergejewitsch und trat ein. „Störe ich auch nicht?"

„Dann kann ich mit Pawel Sergejewitsch ja gleich die eingelegten Pilze probieren!" rief der Zimmermann vergnügt.

Mutter Merinowa unterbrach das Teigkneten und holte die Pilze. Es waren wohl Nagelschwämme.

„Vera ist doch ein richtiger Held bei uns", erzählte Pawel Sergejewitsch lächelnd. „Alles redet nur von ihr! Sie hat Napoleon gefangen und bekommt dafür eine Prämie."

„Und wir kaufen uns von der Prämie Bretter", sagte der Zimmermann erfreut. „Damit decken wir unser Dach neu."

„Was bist du denn heute so zugeknöpft?" fragte Mutter Merinowa ärgerlich ihre Tochter. „Warum kriegst du den Mund nicht auf?"

Vera lächelte Pawel Sergejewitsch zu, doch sie wußte nicht, was sie sagen sollte.

„Wo hast du ihn denn gefangen?"

„Er war bei unserer Palme."

„Siehst du, es hat ihm bei Palme gefallen." Der Zimmermann brach in Gelächter aus.

Die Erwachsenen lachten über irgend etwas und lobten die Pilze. Vera aber drehte den Fleischwolf. Unangenehme Gedanken kamen ihr in den Sinn. Vera verscheuchte sie so gründlich, daß kein einziger Gedanke – weder ein guter, noch ein schlechter – mehr in ihrem Kopf blieb.

„Wir müssen noch Pelmeni formen", sagte in diesem Augenblick der Schlosser Serpokrylow. „Jeder macht hundert Stück, und dann legen wir uns schlafen."

„Mal sehen, wer schneller fertig ist!" entgegnete Aljoscha.

„Na gut." Der Schlosser war einverstanden und stach nun mit einem Becher Teigstücke aus.

Aljoscha nahm ein rundes Teigstück, legte mit einem Teelöffel etwas von der Füllmasse darauf und rollte das Ganze im Handumdrehen zu einem kecken Kloß.

„Eins zu null!" „Eins zu eins!" widersprach der Schlosser.

Die Pelmeni wurden so schnell fertig, als kullerten sie aus einem Sack. Sie legten sich reihenweise auf ein mit Mehl bestreutes Brett. Manche gerieten krumm, andere zu groß, aber es waren richtige, lustige Pelmeni – echte Serpokrylow-Pelmeni.

„Du bleibst zurück!" feuerte der Schlosser seinen Sohn an. „He, und die Füllung kommt ja raus!"

„Wo denn?" fragte Aljoscha aufgeregt. „Sie kommt überhaupt nicht raus."

Es klopfte am Fenster. Der Schlosser rückte das transkaukasische Zitronenbäumchen zur Seite und schaute auf die Straße.

„Vera!" rief er erfreut. „Komm rein, Vera."

Vera trat ins Haus und blieb an der Zimmertür stehen.

„Hilf ihm bei den Pelmeni!" sagte der Schlosser. „Sonst bleibt er hinter mir zurück."

„Hilf lieber meinem Vater!“ erwiderte Aljoscha gekränkt.

Doch der Schlosser verstand sich großartig aufs Pelmenimachen. Bald hatte er seine hundert Stück fertig und trug sie zum Abkühlen in den Keller.

„Nimm!“ sagte Vera leise und reichte Aljoscha den Motorradhandschuh. „Der gehört dir.“

„Leg ihn auf die Truhe. Ich hab die Hände voller Teig.“

Vera seufzte und legte den Handschuh auf die Truhe.

„Nun ist es aus“, versetzte sie. „Nur noch der Handschuh ist von Napoleon da. Weiter nichts.“

Aljoscha machte nur „hm“. Sorgfältig formte er einen besonders großen und gelungenen Fleischkloß. Dieses „Hm“ gefiel Vera nicht. Offenbar verstand Aljoscha sie nicht. Er dachte natürlich nur an den Nordpol.

„Was meinst du – hab ich schuld?“

Aljoscha blickte Vera von der Seite an und danach den Handschuh.

„Er ist überhaupt nicht zum Nordpol gelaufen“, erklärte Vera. „Er war bei Palme.“

„Na und?“

„Demnach braucht er den Nordpol nicht.“

„Quatsch. Er wollte sich nur verabschieden.“

„Das tun nur Menschen“, antwortete Vera und schüttelte traurig den Kopf. „Tiere nicht. Er ist doch kein Mensch.“

„Das nicht. Aber er versteht alles.“

„Aber Tiere verabschieden sich nicht.“

„Und ob sie sich verabschieden!“

„Warum machst du denn den Pelmen so schief?“

„Das ist kein Pelmen“, erwiderte Serpokrylow und schob Vera eine sonderbare Teigfigur hin.

„Napoleon!“ rief Vera überrascht.

„Siehst du, er verbeugt sich, er verabschiedet sich.“

„Ich weiß überhaupt nicht, was ich machen soll", gestand in diesem Augenblick Direktor Nekrassow, „ob Pelmeni formen oder Fleischpasteten rollen. Komm, Katjuscha, wir machen beides."

Mit seinen kräftigen weißen Händen packte er den Teigklumpen und ging daran, ihn breitzuwalzen. An diesem Abend formte Direktor Nekrassow hundertfünfzig Pelmeni, doch daß Direktor Gubernatorow zweihundert schaffte, hätte er sich nicht träumen lassen.

Endlich war auch Aljoscha mit den Pelmeni fertig, er wusch sich die Hände und probierte den Motorradhandschuh an.

„Also habe ich schuld", sagte Vera.

„Er reißt wieder aus", meinte Aljoscha beschwichtigend. „Reg dich nicht auf. Jetzt hält ihn keiner mehr."

„Was denkst du, wie sie jetzt auf ihn aufpassen werden!"

„Er reißt trotzdem aus, bestimmt!"

Lang zog sich der Abend hin und zögerte den Einbruch der Nacht hinaus. Doch endlich breitete sie sich über die Erde, ließ alle Fenster erlöschen. Und am Himmel zog über der einsamen Fichte Orion langsam auf seiner aus lauter winzigen Sternen zusammengesetzten Bahn entlang. Matt leuchtete der rote Stern auf seiner Schulter. Der Dolch funkelte und deutete mit seiner Spitze auf das Pumpenhaus, das über den schwarzen Wäldern die Pelztierfarm anzeigte.

Die Polarfüchse schliefen längst. Nur Marquis und Hundertsechzehn tobten noch in ihren Käfigen herum, kratzten an den Gittern und schauten immer wieder zu Napoleon hin, der zusammengerollt dalag.

Napoleon fand in dieser Nacht lange keinen Schlaf. Er blickte auf das Pumpenhaus und lauschte, wie es in dem steinernen Bauch kollerte und gluckste.

Vom fernen Kowylkino drang schwaches Hundegebell herüber.

Weit hinter dem Dorf, hinter den buckligen Häusern und Zäunen, lag der Nordpol, der Scheitel der Erde, doch nur der Orion sah über ihm das Polarlicht leuchten.

Hiermit endet die Erzählung vom kleinen Polarfuchs Napoleon III. Verraten können wir noch, daß der kleine Polarfuchs genau einen Monat später abermals ausriß. Diesmal ließ er sich nirgendwo aufhalten und kam sicherlich bis zum Nordpol.

Inhaltsverzeichnis

Erster Teil
Die Flucht 6
Das Klappern der Aluminiumschüsseln 7
Der Charakter des Direktors Nekrassow 8
Dawilo 9
Ein verschneites Feld 11
Im Wald 13
Wer hat geschossen? 16
Der Hügel 18
Die Dachsnacht 21
Marquis 23
Hundertsechzehn ist hin und her gerissen 26
Der graue Fuchs 30
Helme und Räder 32
Der Kampf mit den Hofhunden 34
Der gütige Zimmermann Merinow 36
Palme 39
Die Nacht in der Hundehütte 41
Die große Vera Merinowa 44
Die Kohlsuppe vom Vortag 46
Der Köter Hitsche 49

Zweiter Teil
Der Vorschüler Serpokrylow 54
Auf zum Nordpol! 56
Die Kreise, die der alte Herr Karassjow sieht 59
Im rauhen Norden 64
Das Abenteuer am Nordpol 69
Der Kampf an der Fichte von Kowylkino 73
Zervelatwurst 76
Alles in Ordnung 79
Der Lauf zum Nordpol 82
Sikimora 87
In jedem anständigen Haus gibt es Mäuse 89
Öl ins Feuer gießen 92
Die dritte Nacht 94
Früher Morgen im Dorf Kowylkino 96
Die morgendlichen Ansichten des Schuldirektors Gubernatorow 99
Vera Merinowas Charakter 102
Drei Telegramme 105
Was tun? 107
Der Brei, der in der großen Pause eingerührt wurde 110
Die interessanten Ideen des Schuldirektors Gubernatorow 113
Die zweite Klasse blickt zu Mendelejew empor 116
Zwei Direktoren 121
Direktor Nekrassows Rede 124
Napoleon XV. 127
Der Zahn des Vorschülers Serpokrylow 129
Napoleons letzte Zuflucht 133
Einkreisung und Treibjagd 137
Zwei Bäume auf freiem Feld 141
Ein Stein fällt vom Herzen 143
Der Stein ist wieder da 146
Freunde der Pelztierzucht 149
Der Dank des Direktors 151
Später Abend im Dorf Kowylkino 154